STARK

ABITUR TRAINING

Frank-Michael Bülow

Englisch – Grundfertigkeiten des Schreibens

Basiswissen mit Aufgaben und Lösungen

STARK

Dieser Band wurde nach der neuen Rechtschreibung abgefasst.

ISBN: 3-89449-324-0

Inhalt

Fortsetzung nächste Seite!

Autor: Frank-Michael Bülow

Vorwort

Liebe Schülerin, lieber Schüler,

das Schreiben wird im Englischunterricht der Oberstufe besonders wichtig. Diente es in der Unter- und Mittelstufe vorwiegend der Unterstützung des Lernvorganges, so wird es nun zu einer eigenständigen Fertigkeit. Eigene Gedanken sollen verständlich und in angemessener Form schriftlich zum Ausdruck gebracht werden. Da dies vielen Schülern bereits in der Muttersprache schwerfällt, verlangt die Ausbildung dieser Fertigkeit erst recht in einer Fremdsprache **systematisches Erarbeiten** und **gezieltes Einüben.**

Um schriftliche Arbeitstechniken zu entwickeln und Ihre Ausdrucksfähigkeit zu erweitern, ist es notwendig, dass Sie die unterschiedlichen **sprachlichen und stilistischen Mittel erkennen und anwenden lernen.** Hierzu gehören auch der Erwerb eines angemessenen Wortschatzes im Zusammenhang mit treffender Wortwahl und der sichere Gebrauch grammatisch-syntaktischer Strukturen.

Dieses Buch hilft Ihnen, diese Fähigkeiten zu erwerben und zu trainieren. Es ist so aufgebaut, dass Sie durch Erkennen und praktisches Anwenden Ihre Schreibfertigkeit im Englischen systematisch erweitern und verbessern können:

- Die ersten sechs Kapitel befassen sich mit den **Grundvoraussetzungen für effektives Schreiben,** unabhängig von der jeweiligen Schreibsituation oder der Textsorte.
- In den weiteren Kapiteln wird dann genauer auf die **einzelnen Schreibformen und Textsorten** eingegangen, wobei sich deren Schwierigkeitsgrad kontinuierlich steigert.
- Da das Ausbilden und Verbessern der Schreibfertigkeit ein aktiver Prozess ist, liegt die Betonung durchgehend auf der praktischen Anwendung. So werden alle wichtigen Schritte stets an **Beispielen** aus dem Englischunterricht der Oberstufe veranschaulicht.
- Das erworbene Wissen können Sie dann in den praktischen **Aufgaben** unmittelbar anwenden.
- Die **ausführlichen Lösungen** ermöglichen die genaue Kontrolle ihrer Fähigkeiten.

Grundsätzlich empfiehlt es sich, das Buch systematisch Kapitel für Kapitel durchzuarbeiten. Dabei sollten Sie in individuell angemessenem Tempo vorgehen und erst dann mit dem jeweils nächsten Kapitel beginnen, wenn Sie die im vorangegangenen Kapitel dargestellten Fertigkeiten zufriedenstellend beherrschen. Sie können jedoch auch je nach Bedarf von einzelnen Aufsatzarten ausgehen und gezielt bestimmte Fertigkeiten einüben, deren Verbesserung Ihnen persönlich notwendig erscheint.

Unabhängig davon, wie Sie mit dem Buch arbeiten, müssen Sie das, was Sie sich erarbeitet haben, auch ständig anwenden. Häufiges Schreiben in englischer Sprache erhöht Ihre Sicherheit; und mit zunehmender Sicherheit gewinnen Sie auch mehr und mehr Freude am Schreiben.

F.M. Bülow

Frank-Michael Bülow

1 "Effektives Schreiben" im Englischunterricht

Wie unterschiedlich die einzelnen Arbeitsaufträge auch sein mögen, das Ziel beim Schreiben im Englischunterricht ist immer dasselbe: Wir versuchen, unsere Informationen, Meinungen oder Vorstellungen jemandem verständlich zu machen. Wenn wir also die Effektivität unserer schriftlichen Äußerung beurteilen wollen, müssen wir zuerst feststellen, in welchem Maße wir uns verständlich machen konnten. Das mag zunächst einmal banal klingen. Leider zeigt sich jedoch in der Praxis – in Klausuren und Übungen – dass viele Schüler die Anforderungen an die Genauigkeit und Eindeutigkeit schriftlicher Äußerungen unterschätzen. So bekommt ein Lehrer bei der Rückgabe korrigierter schriftlicher Arbeiten häufig Bemerkungen von Schülern zu hören wie "Das habe ich doch gemeint!" oder "Das können Sie sich doch denken." Offensichtlich verführen uns die heute vorherrschenden Möglichkeiten der "unmittelbaren Verständigung" – mündlich, per Telefon oder Computer – dazu, die Bedingungen schriftlicher Verständigung zu unterschätzen. Anders als bei mündlicher Verständigung sind bei der schriftlichen Form nämlich Erfolg oder Misserfolg nicht sofort sichtbar und damit entfällt auch die Möglichkeit zu erkennen, ob eine Korrektur der Äußerung erforderlich ist. Daher muss es das vorrangige Ziel beim Schreiben sein, die Aussagen unmissverständlich auszudrücken. Damit das gelingt, sollte die schriftliche Ausdrucksweise folgende grundsätzliche Merkmale aufweisen:

- **klar:** sorgfältig im Ausdruck, damit der Leser die Aussage versteht,
- **prägnant:** so ausführlich wie nötig und so knapp wie möglich,
- **exakt:** in der Wortwahl treffend und in der Schreibweise korrekt,
- **angemessen:** Stil/Ton dem Zweck und der Situation angepasst.

Um nun klar, prägnant, exakt und angemessen zu schreiben, sind Kenntnisse und gewisse Fertigkeiten erforderlich, die im Verlaufe des ersten Teils dieses Buches erworben bzw. aufgefrischt, eingeübt und gefestigt werden sollten. Im zweiten Teil dann sollen diese Grundlagen auf die unterschiedlichen Textformen, die im Englischunterricht der Oberstufe vorkommen und verlangt werden, angewendet werden.

Ungeachtet der verlangten Textform gibt es jedoch ganz allgemeine methodische Grundsätze für effektives Schreiben, die man bei jeder Art von Texterstellung im Englischunterricht befolgen sollte.

- **Fragen Sie sich,** noch bevor Sie mit dem Schreiben beginnen, **was Sie mit Ihrem Schreiben erreichen wollen.**
  Wollen Sie z. B. informieren oder jemanden von Ihrer Meinung überzeugen? Wenn Sie sich über Ihre vorrangige Schreibabsicht im Klaren sind, fällt es leichter, die Mittel zu wählen, mit denen Sie Ihre Absichten am wirkungsvollsten erreichen können.
- Da es das Ziel Ihres Schreibens ist, dass der Leser Ihre Aussagen versteht und darauf reagiert, müssen Sie **die Person des Lesers beim Schreiben mit berücksichtigen.**
  Überlegen Sie sich daher, wer der Leser ist, was er von Ihnen erwartet und was ihn möglicherweise beeinflussen kann. Unterschiedliche Schreibsituationen führen zu Unterschieden in Stil und Sprache. So wird z. B. ein Leserbrief sich stilistisch und sprachlich von einem persönlichen Brief an einen Freund deutlich unterscheiden.
- **Passen Sie den Ton der jeweiligen Schreibsituation an.**
  Ob z. B. ein humorvoller, persönlicher oder sachlicher Ton angebracht ist, hängt vom Zweck Ihres Schreibens ebenso ab wie vom Leser, an den Ihr Text gerichtet ist.
- **Entwerfen Sie vor dem Schreiben einen Schreibplan.**
  Wählen Sie die inhaltlichen Punkte, über die Sie sich in Ihrem Text äußern wollen, sehr sorgfältig aus. Prüfen Sie, ob die gewählten Punkte den Kern der Aufgabe treffen, ob Sie die Aufgabe inhaltlich vollständig abdecken und ob sie auch alle notwendig sind. Überlegen Sie sich nach der Auswahl der inhaltlichen Punkte, wie Sie diese möglichst logisch und nachvollziehbar anordnen können.
- **Formulieren Sie Ihre Aussagen in übersichtlichen und korrekten vollständigen Sätzen.**
  Mängel in Satzbau, Rechtschreibung und Zeichensetzung beeinträchtigen die Verständlichkeit und damit die Wirksamkeit von schriftlichen Äußerungen oft in erheblichem Maße. Daher sollten Sie jeden Ihrer Texte nach dem Schreiben nochmals durchlesen und gegebenenfalls verbessern.

Effektives Schreiben im Englischunterricht erfordert viele Kenntnisse und Fertigkeiten. Das sollte einen jedoch nicht entmutigen. Denn wie alle Fertigkeiten lassen sie sich durch Übung verbessern. Üben Sie so häufig wie möglich. Und schreiben Sie nicht immer über dieselben Themen und in denselben Textformen, sondern variieren Sie die Aufgaben. So werden Sie Ihr Ausdrucksvermögen erweitern und im Verfassen von Texten sicherer werden. Nutzen Sie also die zahlreichen Übungen, dic in den einzelnen Kapiteln angeboten werden.

2 Sätze als Sinneinheiten

Sätze sind als Sinneinheiten die Grundlage des Schreibens.

Beispiel

> I'd like to know whether or not you will be able to come to our meeting on Friday March 13 is the final deadline for applications for we must discuss them in advance to decide which item is to be put on the agenda the final deadline must be met an extension is not possible

Dies Textbeispiel zeigt, wie allein das Fehlen der Satzschlussmarkierung die Verständlichkeit der Mitteilung beeinträchtigt. Um wie viel schwieriger ist dann wohl ein Text zu verstehen, bei dem nicht nur die Satzgrenzen nicht immer klar erkennbar sind, sondern bei dem auch die einzelnen Sätze unvollständig oder fehlerhaft gebaut sind, was bei der Texterstellung in einer Fremdsprache durchaus häufiger vorkommt. Daher wollen wir uns nachfolgend näher mit dem Satz sowie unterschiedlichen Satzstrukturen im Englischen befassen. Denn um klar und erfolgreich schreiben zu können, muss man wissen, wie ein Satz aufgebaut ist und die Funktionen der unterschiedlichen Satzbaumuster kennen.

Aufgabe

1. *Rewrite the passage above in sentences!*

2.1 Einfache Sätze

Ein **Satz** (sentence) ist eine Anzahl von Wörtern, die ein vollständiges grammatisches Konstrukt bilden, das üblicherweise mit einem großgeschriebenen Buchstaben beginnt und mit einem Punkt oder einem entsprechenden Satzschlusszeichen endet. Jeder englische Satz muss ein Subjekt (subject) und eine finite Verbform (finite verb) haben sowie einen Sinn ergeben.
Das **Subjekt** (subject) gibt an, wer oder was etwas tut oder ist.

Beispiele

- Pennsylvania complicated matters in the early 1770s.
- The territory was large and remarkably healthy.
- The promise of trade preferences was not kept.
- This led to the mass murder of several hundred settlers.

(Das Subjekt ist jeweils unterstrichen.)

Das Subjekt kann aus einem oder mehreren Wörtern unterschiedlicher Wortarten bestehen.

Aufgabe

2. *Identify the subject in each of the following sentences.*

a) New ways of doing things came to the site of Wilkes-Barre.
b) This began happening some 3,000 years ago.
c) To compromise appeared advisable.
d) Particularly among the caribou hunters of the Barren Grounds, winter was only another name for hunger.
e) Even for a sober man, meat was hard to come by.
f) The tumbling phantoms of the jumbled Indian images occupied the popular fancy to an amazing degree in literature.

Die **finite Verbform** (finite verb) ist die gebeugte Form eines Verbs, also eine Personalform. Sie beschreibt den Zustand oder die Tätigkeit des Subjekts. Zwischen dem Subjekt und der finiten Verbform besteht Kongruenz, d. h. beide stimmen in Person und Numerus überein. Dabei richtet sich die Verbform nach dem Subjekt. Die finiten Verbformen können aus einem Wort bestehen, z. B. "eat, has, got, were, ..." oder aus mehreren Wörtern zusammengesetzt sein, wie z. B. "have been, was walking, will be going, ...".

Beispiele

- Landscape **is** the texture of intricacy.
- These things **are** utterly common.
- That morning I **was washing** before the mirror in a daze.
- She **will be working** in this office.

(Das Subjekt ist jeweils unterstrichen, die finite Verbform ist fett gedruckt.)

Aufgabe

3. *Read the following sentences, identify the subject and fill in an appropriate form of the verb given in brackets.*

a) In the eighteenth century many educated European tourists (visit) the Alps.
b) Look, the water (recede) slightly.
c) While I (leave) the house I remembered the key.
d) If I didn't draw I (cannot/bear) to listen in class.
e) Politics (be) always a complicated business.
f) By next spring she (live) in Pittsburgh for ten years.
g) At present a lot of trouble (cause) by unemployment.
h) My family (decide) yet whether to move to Akron or not.

Das Vorhandensein eines Subjekts sowie einer dazu passenden finiten Verbform allein ergibt noch nicht zwangsläufig einen korrekten englischen Satz. Erst wenn die **Äußerung auch einen Sinn ergibt,** sind die Voraussetzungen für den englischen Satz als Sinneinheit erfüllt.

Beispiele

- Although usually I had to save.
- After she left the room.
- They starved.
- Here it comes.

Obwohl die ersten beiden Äußerungen sowohl jeweils ein Subjekt als auch eine passende finite Verbform besitzen, ergeben sie keinen Sinn und sind somit keine vollständigen Sätze. Die letzten beiden Äußerungen hingegen sind sinnvolle Sätze.

Der englische Satz als **Sinneinheit** muss
- ein Subjekt haben,
- eine zum Subjekt passende finite Verbform besitzen,
- und einen Sinn ergeben.

Aufgabe

4. *Find out which of the following utterances are not sentences.*

a) A liar ought to have.
b) After a storm comes calm.
c) All sorts to make a world.
d) If you play with fire.
e) There are tricks in every track.
f) The hand that rocks the cradle.
g) One funeral, many funerals.
h) You cannot make those.
i) Old habits die hard.

Um der Einfachheit willen wurden als Beispiele zu den bisherigen Ausführungen zum Satz als Sinneinheit nur Aussagesätze (statements) verwendet. Das Gesagte gilt jedoch für die beiden anderen Satzarten, den Fragesatz sowie den Aufforderungssatz gleichermaßen.
Der **Fragesatz** (question) ist eine besondere Art des Satzes, da er die Erwartung einer Erwiderung miteinschließt. Äußerlich unterscheidet sich die Frage vom Aussagesatz dadurch, dass zumindest ein Teil der finiten Verbform – nämlich das Hilfsverb – vor dem Subjekt steht, und der Satz mit einem Fragezeichen schließt.

Beispiele

- **Do** I **contradict** myself?
- Why **do** you **lie**?
- Where **have** you **been**?
- **Are** we too late?

(Das Subjekt ist unterstrichen, die finite Verbform ist fettgedruckt.)

Das Stilmittel der sogenannten **rhetorischen Frage** (rhetorical question) ist keine echte Frage, da diese Stilfigur zwar alle äußerlichen Merkmale des Fragesatzes aufweist, bei ihrem Gebrauch jedoch keine Erwiderung erwartet wird.

Mit einem **Aufforderungssatz** (command) soll der Angesprochene zu einem bestimmten Verhalten veranlasst werden. Diese Satzform schließt mit einem Punkt oder einem Ausrufezeichen. Häufig wird das Subjekt nicht ausdrücklich genannt, ist aber als 2. Person ("you") in der finiten Verbform vorhanden, siehe Beispiele drei und vier. Man spricht dann von einem implizierten Subjekt (implied subject).

Beispiele

- Angels and ministers of grace, **defend** us!
- **Blow** winds and **crack** your cheeks!
- **Ask**, and it shall be given you.
- **Leave** her to heaven!

(Subjekt unterstrichen, Verbform fettgedruckt.)

Also auch für Frage- und Aufforderungssätze gilt, dass sie ein Subjekt und eine dazu passende finite Verbform besitzen sowie einen Sinn ergeben müssen.

Aufgabe

5. *Find out which of the following are not sentences.*

a) Do some dead to the world!
b) When he came home.
c) You mind your own business!
d) Really caught it in the neck.
e) Although he wished to encourage her.
f) Be reasonable!
g) Isn't the computer working?
h) Jenny, being easily scared.

2.2 Satztypen

Subjekte und finite Verbformen als Elemente sind Mindestanforderungen an einen Satz. Sätze können natürlich auch mehr Elemente enthalten. Hier soll nun nicht näher auf die einzelnen Satzglieder und ihre möglichen Ergänzungen eingegangen werden, denn das ist Sache des Grammatikunterrichts. Jedoch ist die Kenntnis von den unterschiedlichen Satzkonstruktionen sowie deren korrektem Bau Voraussetzung für ihre sinnvolle Verwendung und damit für effektives Schreiben.
Im Englischen lassen sich grundsätzlich drei Typen von Satzkonstruktionen unterscheiden:
- der **einfache Satz** (simple sentence),
- der **zusammengesetzte Satz** (compound sentence),
- sowie das **Satzgefüge** (complex sentence).

Der **einfache Satz** (simple sentence) ist selbstständig, sinnvoll und enthält mindestens ein Subjekt und eine finite Verbform. Darüber hinaus können noch ein direktes Objekt, ein indirektes Objekt sowie Adverbialien und verschiedene Ergänzungen auftreten.

I gave him the book at school after the English lesson.

Subjekt | indirektes Objekt | Adverbiale des Ortes
finite Verbform | direktes Objekt | Adverbiale der Zeit

Werden zwei oder mehrere einfache Sätze durch **Konjunktionen** so miteinander verknüpft, dass kein Satz vom anderen abhängt oder diesem untergeordnet ist, spricht man von einem **zusammengesetzten Satz** (compound sentence). Diese Satzkonstruktion enthält mindestens zwei finite Verbformen.

Beispiele

I gave her the book	–	einfacher Satz
but	–	beiordnende Konjunktion
she did not read it.	–	einfacher Satz

Bei gleichem Subjekt wird dieses häufig nur im ersten Satz genannt und dann weggelassen.

She took the book	–	"She" = Subjekt
and		
(she) put it in her bag.	–	"she" = Subjekt, kann hier weggelassen werden

Beiordnende Konjunktionen (co-ordinating conjunctions)

and	I do not know his name and no one has asked him.
but	She spoke Japanese, but couldn't understand him.
both ... and	The sight both excited and worried me.
or	Pay him or he will leave.
either ... or	You can either read the book or watch the film.
neither ... nor	She neither drinks nor eats meat.
not only ... but also	Ben has not only killed the rabbit but also eaten it.

Ferner können *besides, however, nevertheless, otherwise, so, therefore, still, yet, though* unter anderem auch als beiordnende Konjunktionen verwendet werden.

Aufgabe

6. *Link each of the following pair of sentences by a co-ordinating conjunction to form one long sentence. Omit the subject where possible.*

a) They can walk up. They can go by cable car.
b) He is looking for opportunities in this country. He is also looking for opportunities abroad.
c) They knocked. Nobody answered.
d) The operator took the disc. He placed it in the computer.
e) Jenny was not there. John was not there, too.
f) This is good for your health. It even can change your life.

Ein **Satzgefüge** (complex sentence) besteht in der Regel aus einem unabhängigen Satz (independent clause = simple clause) und einem oder mehreren untergeordneten Nebensätzen. Ein **untergeordneter Nebensatz** (subordinate clause) hat, wie ein einfacher Satz, mindestens zwei Elemente: Subjekt und finite Verbform. Außerdem ist er vom Hauptsatz des Satzgefüges abhängig – kann also nicht allein stehen – und ist mit diesem durch eine unterordnende Konjunktion verbunden.

Beispiele

- The laboratory is closed in summer when the students are out of school.
- What he said surprised everybody.
- A report that the area was poisoned was ignored by the residents.
- If he starts to argue, keep calm!

(Der Nebensatz ist jeweils unterstrichen.)

Einige wichtige unterordnende Konjunktionen
(subordinating conjunctions)

if, provided that, unless	drückt **Bedingung** (condition) aus: Unless she starts at once, she'll be late.
although, though, even if	drückt **Einräumung** (concession) aus: Although she didn't understand a word, she smiled.
so as, so that	drückt **Zweck** (purpose) aus: They wrote the notices in English so that tourists could understand them.
as, since, because	drückt **Grund** (reason) aus: As it was too late to go on, we looked for a hotel.
such/so ... that	drückt **Ergebnis** (result) aus: The text was so difficult that it took him hours to understand it.
after, as, as soon as, before, since, until, when, while	drückt **Zeit** (time) aus: While I was listening to him the tea was getting cold.

Aufgabe

7. *Join the following pairs of sentences with the help of an appropriate subordinating conjunction. You may need to make minor alterations to the statements.*

a) Many people have a secret fear of computers. There is really no need for this.
b) It froze hard that night. There was ice everywhere next day.
c) She is studying mathematics. She wants to qualify for a better job.
d) You don't like her. You can still be polite.
e) You are waiting for a bus. You'd better join the queue.
f) I'll soon have finished the letter. Then I'll give you a call.

2.3 Verwendung von Sätzen

Jedem Englischlernenden ist spätestens nach dem ersten Unterrichtsjahr bekannt, dass die **Wortstellung** im englischen Satz eine besondere Rolle spielt. Denn in einer Sprache, welche die unterschiedlichen Kasusformen – außer bei den Pronomen – weitgehend verloren hat, wird der Sinn eines Satzes in hohem Maße von der Wortstellung mitbestimmt.

Beispiel

- The policeman shot the murderer.
- The murderer shot the policeman.

Während in der deutschen Sprache eine solche Umstellung ohne Sinnänderung möglich wäre, da Kasusformen Subjekt und Objekt voneinander unterscheiden, bewirkt die Umstellung im Englischen eine Umkehrung des Aussageinhalts.
Bei so einfachen Aussagen wie der des Beispiels ist die Wortstellung kaum ein Problem. Voraussichtlich werden Sie jedoch komplexere Sachverhalte in Ihren Texten darstellen müssen, und dann ist sicherlich die folgende Faustregel beachtenswert:

In einem englischen Satz sollten die Elemente mit der jeweils engsten Beziehung auch möglichst nahe beieinander stehen, um diese enge Beziehung deutlich werden zu lassen.

Der Begriff "möglichst" bedeutet hier, dass die grammatischen Grundregeln der Wortstellung im englischen Satz Vorrang haben.

Aufgabe

8. *Use the given words or phrases and form correct sentences.*

a) a set of words / in itself / a sentence / is / as an expression / complete / of thought.

b) as short / sentences / and simple / keep / as possible.

c) their length / should / to maintain / however / be varied / and complexity / the reader's interest.

d) the action / than / use / when / the passive voice / important / is / more / the result.

e) of a sentence / and last words / in the middle / those / are more emphasized / the first / than.

Es ist sinnvoll, seine Grundkenntnisse über Satzkonstruktionen parat zu haben, denn nur dann ist man in der Lage, die einzelnen Satzelemente so zu arrangieren, dass der Satz das, was man sagen will, auch effektiv ausdrückt.

In der Praxis begegnet man leider häufig zwei Extremformen von Satzbau: entweder der Text wird aufgebaut aus lauter kurzen, einfachen, unverknüpften Sätzen oder er besteht aus wuchernden, unübersichtlichen Wörtergeflechten, die sich über viele Zeilen hinweg ausdehnen. Normalerweise ist ein kurzer Satz einfacher zu verstehen. Viele kurze Sätze hintereinander wirken jedoch oft bruchstückhaft. Und wenn sie dann auch noch einfach nur aneinander gereiht sind, wirkt der Text, mangels Abwechslung im Satzbau, eintönig, und ein umfangreicherer, geschlossener Gedankengang kann nicht angemessen ausgedrückt werden. Komplizierte Satzgefüge hingegen sind nicht nur häufig unübersichtlich und erschweren das Verständnis vor allem komplexerer Sachverhalte zum Teil erheblich, sie bergen auch die Gefahr von Fehlern, die dann zu Missverständnissen führen können.

Um den Leser für einen Text zu interessieren, dieses Interesse dann aufrechtzuerhalten und ihm die Inhalte klar zu vermitteln, sollte man bei der Formulierung von Sätzen einige allgemeine Regeln beachten:

- Ein wohlgeformter Satz ist **übersichtlich** gebaut und bringt die Beziehung der einzelnen Satzteile zueinander **eindeutig** zum Ausdruck.
- Er stellt nur **einen**, höchstens zwei **Gedanken** dar.
- Dieser Gedanke sollte einen **notwendigen** Beitrag zur **Kernaussage** des Sinnabschnitts leisten, zu dem der Satz gehört.
- **Je schwieriger der** auszudrückende **Sachverhalt** ist, **desto einfacher** sollte **der Satz gebaut** sein.

Darüber hinaus sollte man bei der Texterstellung natürlich auf Abwechslung im Gebrauch der Satzmuster achten. Das verhindert nicht nur, dass das Interesse beim Leser durch die Monotonie im Text erlahmt, sondern ermöglicht häufig auch eine bessere Verknüpfung der einzelnen Sätze.

Man sollte auch wiederholt prüfen, ob die einzelnen Satzelemente am richtigen Platz und in der richtigen Form sind. Vor allem deutsche Schüler, verwöhnt durch die großzügigen Umstellungsmöglichkeiten im Satzbau ihrer Muttersprache, vernachlässigen bisweilen die Regeln der englischen Syntax und so kommt es nicht selten zu Fehlern, die zu unfreiwilliger Komik führen. Nachfolgend einige Tipps, die helfen können, solchen Fehlern vorzubeugen:

- Vermeiden Sie es, Satzelemente, die in enger Beziehung zueinander stehen, weit auseinander zu plazieren.
  Beispiel:
  He noticed a red spot on his shirt that was right in the centre. (= missverständlich)
  He noticed a red spot that was right in the centre of his shirt. (= eindeutig)
- Achten Sie darauf, dass Satzteile mit den Ausdrücken, die sie näher bestimmen (modifiers), eindeutig verknüpft werden, um sogenannte "dangling modifiers" zu vermeiden.
  Beispiel:
  When he was ten, his father died. (= missverständlich)
  He was ten, when his father died. (= eindeutig)
- Vermeiden Sie es, Handlungsweise, Modus, Tempus, Subjekt oder Numerus innerhalb eines Satzes grundlos zu ändern.
  Beispiel:
  <u>Stop</u> talking and then <u>you do</u> your exercise. (Wechsel des Modus)
  <u>Stop</u> talking and <u>do</u> your exercise. (Beibehaltung des Modus)

Aufgabe

9. *Use the given words and phrases and form correct sentences.*
   a) *at her essay / sooner than / she / finished / and / she / expected / it / worked hard*
   b) *fascinated reading / is / provides / the Indian culture / and / the book / a detailed study of*
   c) *a lot of / painstakingly / he / and / the text / found / read / stylistic devices*
   d) *has been / the facts / none of / proven*

10. *Join the following pairs of sentences by choosing one of the words or phrases given in brackets.*
   a) *He is short of experience. He will do the job quite adequately. (although, since, when)*
   b) *We were late. We took a taxi. (but, so, unless)*
   c) *I cannot accept his view. I sympathize with his view. (and, for, while)*
   d) *She became more competent. She was given more interesting work. (as, inspite of, provided that)*

11. *Transform the following pairs of sentences into one sentence each.*

a) *The student was tired and exhausted. / He finished the paper in the morning.*

b) *He was a pupil. / He had to do his homework.*

c) *My dog came into my room. / I was reading a text.*

d) *There was a book on his desk. / It contained the complete works of James Joyce.*

3 Sinnabschnitte

3.1 Abschnitte als Sinneinheiten

Im vorangegangenen Kapitel ging es darum, grammatikalisch korrekte und sinnvolle Sätze zu bilden. Hier nun sollen aus solchen Einzelaussagen größere Sinneinheiten geformt werden: **Sinnabschnitte.**

Beispiele

> Mozambique was accepted as the 53rd member of the Commonwealth by the Heads of Government Meeting on 12 November 1995, "as an exceptional case" – exceptional in that it marks the first time a country with no history of formal administrative links to Britain or another Commonwealth country has been accepted as a member of the association.
>
> In fact, the Commonwealth has long embraced Mozambique as a 'cousin'. Mozambique has been a part of the association's extended family since independence in 1975. Mozambique supported the struggle for majority rule in Rhodesia (now Zimbabwe) by closing its border and applying sanctions at great cost to its own economy.
>
> In recognition of the importance of Mozambique's position and role in a region destabilised by the then apartheid government of South Africa and fragmented by war, the Special Commonwealth Fund for Mozambique – to which 18 member states contributed – was established in 1988 and operated until the end of its mandate in 1994. (...)[1]

Wie bei diesem Beispiel so fällt einem bei den meisten Texten sofort die **äußere Gliederung in einzelne Abschnitte** auf. Warum gliedert man Texte gewöhnlich in einzelne Abschnitte?

- Ein äußerlich **ungegliederter Text** ist nicht nur **schwieriger zu lesen,** er würde den Leser auch eher abschrecken als zum Lesen einladen.
- Die **äußere Gliederung eines Textes erleichtert dem Leser das Verstehen** des Textes durch die Aufnahme des Inhalts in "verdaubaren Portionen".
- Absätze dienen dem Leser als Hinweis dafür, dass **ein neuer Gedanke** oder Aspekt eingeführt und entwickelt wird.

1 Commonwealth Currents, 1, 1996

- So macht es eine gute Gliederung in Sinnabschnitte dem Leser leicht, den einzelnen **Schritten eines Gedankenganges** zu folgen. Die Gliederung in Sinnabschnitte verleiht einem Text also einen geordneten Aufbau.

Aufgabe

12. *Re-build the following text into 4 paragraphs so that its structural stages become recognizable.*

(...) In a long fit for sickness which I had on my bed I often communed with my heart and made my supplication to the most High who set me free from that affliction. But as I grew up to be about 14 or 15, I found my heart more carnal, and sitting loose from God, vanity and the follies of youth take hold of me. About 16, the Lord laid His hand sore upon me and smote me with the smallpox. When I was in my affliction, I besought the Lord and confessed my pride and vanity, and He was entreated of me and restored me. But I rendered not to Him according to the benefit I received. After a short time I changed my condition and was married, and came into this country, where I found a new world and new manners, at which my heart rose. But after I was convinced it was the way of God, I submitted to it and joined to the church at Boston. (...)[2]

Nachdem man Sinn und Zweck einer äußeren Gliederung eingesehen hat, steht man vor dem Problem, wie man nun seinen eigenen Text in Sinnabschnitte gliedern soll. Damit dies gelingt, muss man sich klarmachen, was einen Sinnabschnitt (paragraph) grundsätzlich ausmacht.
Untersucht man Sinnabschnitte aus unterschiedlichen Texten, so lassen sich folgende gemeinsame Merkmale feststellen:
- Sinnabschnitte bestehen aus **einem Satz oder einer Gruppe von Sätzen** und variieren so in ihrer Länge.
- Alle Elemente eines Sinnabschnitts sind **sprachlich aufeinander abgestimmt** und oft miteinander verknüpft, sodass sie eine sprachliche Einheit bilden.
- Alle Elemente eines Sinnabschnitts **beziehen sich inhaltlich oder gedanklich auf einen einzigen thematischen Aspekt** und bilden so eine inhaltliche oder gedankliche Einheit.
- Ein Sinnabschnitt enthält in der Regel eine **Kernaussage.**

2 Bradstreet, Anne: "To my dear children" (1669), from: The Words of Anne Bradstreet, ed. Jeannie Hensley, Havard University Press, Cambridge, 1976

Beispiele

Whether we like it or not – and many disagree with my thesis because painting, or music, or some other art is more important to them – the art of the moving image is the only art truly of our time, whether it is in the form of the film or television. The moving picture is our universal art, which comprises all others, literature and acting, stage design and music, dance and the beauty of nature, and, most of all, the use of light and of color. (...)[3]

(...) "Women's language" shows up in all levels of English. For example, women are encouraged and allowed to make far more precise discriminations in naming colors than men do. Words like mauve, beige, écru, aquamarine, lavender, and so on, are unremarkable in a woman's active vocabulary, but largely absent from that of most men. (...)[4]

My teachers became the new figures of authority in my life. I began imitating their accents, I trusted their every direction. Each book they told me to read, I read and then waited for them to tell me which books I enjoyed. Their most casual opinions I adopted. I stayed after school "to help" – to get their attention. It was their encouragement that mattered to me. Memory caressed each word of their praise so that compliments teachers paid me in grammar school classes come quickly to mind even today. (...)[5]

Der inhaltliche oder gedankliche Kern eines Sinnabschnitts (in den obigen Beispielen unterstrichen) wird meist gleich zu Beginn des Abschnitts zum Ausdruck gebracht. Die übrigen Sätze erläutern, differenzieren oder veranschaulichen dann diese **Kernaussage** (topical sentence). Ein so gestalteter Sinnabschnitt ist klar strukturiert und für den Leser leicht nachvollziehbar. Bei längeren Texten empfiehlt es sich jedoch, die Stellung der Kernaussage zu variieren, um einer möglichen Monotonie im Aufbau vorzubeugen.

Ein **Sinnabschnitt** ist eine geschlossene Gruppe von Sätzen, die sich auf einen gemeinsamen thematischen Aspekt beziehen. Die **Kernaussage** benennt den thematischen Aspekt, der dann in den übrigen Sätzen logisch entwickelt wird.

3 Bettelheim, B.: "The Art of Moving Pictures" (1981), from: Mind speaks to mind, ed. Dean Curry, United States Information Agency, Washington, D.C., 1986
4 Lakoff, R.: "You are what you say" (1974), from: Mind speaks to mind, ed. Dean Curry, United States Information Agency, Washington, D.C., 1986
5 Rodriguez, R.: "An Education in Language" (1980), from: Mind speaks to mind, ed. Dean Curry, United States Information Agency, Washington, D.C., 1986

Aufgabe

13. *Read through the following paragraphs. Underline the topical sentence of each paragraph and identify its central idea.*

a) *(...) Indeed, American public education can hardly be considered as a system at all. It is instead an extensive, complex, overlapping patchwork of individual school districts, each governed by a local school board, composed of elected or appointed members. Some of these districts are "unified" in the sense that they include all of the elementary and secondary schools that are located in a geographical area. Others are limited to the administration of elementary schools, and others solely to secondary schools. (...)*[6]

b) *(...) America has nurtured both individualism and institutionalism with almost equal power. Citizens are free to strike out on their own, and have done so. They also have instinctively looked for, found, or solicited companions for their vision, and thus gained power and durability. (...)*[7]

c) *(...) Almost all observers like to see the innovative character in Americans as they transformed Old World religions or devised new religions in America. Yet here as elsewhere religion has a conservative or traditional side. Repeatedly the values of time-honored beliefs and practices are recalled. Judaism and Christianity appeal to the traditional in a world of rapid flux, and it is to their enduring values that people turn when considering the national character and culture. (...)*[8]

d) *(...) Indeed Toqueville considered the higher reaches of science scarcely possible for a democratic wholly engaged in subduing a continent. "The social condition and institutions of democracy," the Count added thoughtfully, "prepare them to seek the immediate and practical results of science." He thus, like most European observers, failed to see that exploration and practical ingenuity were but two of the many significant ways in which Americans participated in what was a worldwide scientific culture. (...)*[9]

6 Orr, J. B.: The American System of Education, from: Making America, ed. Luther S. Luedtke, United States Information Agency, Washington, D.C. 1990

7 Marty, M. E.: Religion in America, from: Making America, ed. Luther S. Luedtke, United States Information Agency, Washington, D.C. 1990

8 Marty, M. E.: Religion in America, from: Making America, ed. Luther S. Luedtke, United States Information Agency, Washington, D.C. 1990

9 Goetzman, W. H.: Americans, Exploration, and the Culture of Science, from: Making America, ed. Luther S. Luedtke, United States Information Agency, Washington, D.C. 1990

3.2 Gestaltung von Sinnabschnitten

Bei einem effektiv gestalteten Text sollte man in jedem Sinnabschnitt den Kerngedanken eindeutig identifizieren können und auch erkennen, dass alle anderen Sätze des Sinnabschnitts diesen Kerngedanken erläutern, belegen oder veranschaulichen.
Die Sätze eines Sinnabschnitts dienen also alle **einem gemeinsamen** thematischen Aspekt.

- Folglich besteht der erste Schritt auch in der **Auswahl und Festlegung des Kerngedankens,** der in dem Sinnabschnitt entwickelt werden soll.
- Anschließend **formuliert** man diesen **Gedanken** klar und eindeutig **als Kernaussage** des Sinnabschnitts.
- Nun **entwickelt** man den **Kerngedanken** in logischer und natürlicher Weise: Man erläutert, ergänzt, begründet, belegt und/oder veranschaulicht die Kernaussage. Die Entwicklung des Kerngedankens richtet sich jeweils nach der Schreibsituation, der Textform sowie nach dem Kerngedanken selbst.

Beispiel

Kerngedanke (central idea): The organisation of paragraphs is useful.

Kernaussage (topic sentence): To express his thoughts in an ordered manner a student should organize his paragraphs.

Entwicklung (development): Well-organized paragraphs generally begin with a topic sentence, which introduces the central idea. This topic is then developed in a logical and natural manner: e. g. by giving reasons, supplying details, using examples etc.

Aufgabe

14. *Write a short paragraph (3–4 sentences) developing the following topic: "Expressing ideas in correct sentences is essential."*

Dadurch, dass alle Sätze der Entwicklung derselben Kernaussage dienen, entsteht eine inhaltliche Einheit des Sinnabschnitts. Ein Sinnabschnitt sollte allerdings auch gedanklich geschlossen sein. Dies wird erreicht, wenn man die Sätze nach einem logischen, gedanklich nachvollziehbaren Prinzip anordnet. Dabei richtet sich die Anordnung der Sätze jeweils nach der Funktion, die der Sinnabschnitt im Text erfüllen soll. Beschreibt der Abschnitt z. B. einen Vorgang, so wird die

Reihenfolge der Sätze dem zeitlichen Ablauf entsprechen. Grundsätzlich unterscheidet man beim systematischen Aufbau eines Sinnabschnitts drei Grundmuster: den chronologischen Aufbau, den steigernden Aufbau und den entwickelnden Aufbau.

Beim **chronologischen Aufbau** (chronological structure) entspricht die Reihenfolge der Sätze dem zeitlichen Ablauf des Geschehens.

Beispiel

> Have everything ready before you start. First peel the banana, cut it in half lengthwise, put it in the bottom of a long dessert dish and set it aside. Next heat some chocolate sauce. While the sauce is heating, chop some nuts, and after that whip some cream until it is stiff. Then scoop out ice cream and put balls of ice cream on the banana. When the sauce is hot, pour it over the ice cream and cover it with whipped cream and chopped nuts.

Beim **steigernden Aufbau** (climactic structure) liegt der Höhepunkt am Ende des Sinnabschnitts. Die einzelnen Aussagen werden – nach ihrer Wichtigkeit – so angeordnet, dass sich eine kontinuierliche Steigerung bis zum Höhepunkt ergibt.

Beispiel

> "When he [the white man] first came over the wide waters, he was only a little man who wore a red coat. (...) The Muskogees gave the white man land, and they made him a fire so he could warm himself. (...) But when the white man had warmed himself before the Indian's fire and filled himself with Indian corn, he became very big. (...) And he said, 'Move a little further on, so I don't step on you.' (...) He tramples down the graves of our fathers and the forests where we had so long hunted deer. (...) And soon he made us another talk. He said, 'Move a little further on. You are too close to me.' But there were some bad men among the Muskogees then, just as there are now. They stayed on, close to the graves of their fathers. (...) And when he found them too slow to move, he sent his big guns before him to sweep them out of his way. (...)[10]

Sowohl das chronologische wie auch das steigernde Baumuster folgen dem Prinzip der Entwicklung: das eine zeitlich, das andere im Grad der Bedeutung. Dennoch unterscheiden sich beide ganz wesentlich vom **entwickelnden Aufbau** (progressive structure), da hier die Entwicklung nicht auf den Textgegenstand

10 Chief Speckled Snake (1830), from: American Literature. The Makers and the Making, ed. C. Brooks, R. W. B. Lewis, R. Penn Warren, St. Martin's Press, New York, 1973

bezogen ist, sondern auf den Leser. Bei ihm soll eine Entwicklung stattfinden, nämlich die Einsicht. In der Regel beginnt bei dieser Bauform der Sinnabschnitt mit der Kernaussage, die anschließend erläutert oder ergänzt wird. Die weiteren Sätze dienen dann dazu, die Aussage zu begründen, zu belegen oder zu veranschaulichen.

Beispiel

> (...) Of all the arts the one most to be recommended to the young beginner is literature. Painting is messy; music is noisy. But writing is clean, quiet and can be done everywhere at any time by anyone. (...) All you have to do is to write 'Chaper One' at the head of your paper and from then onwards for better or worse you are an author. (...)[11]

Aufgabe

15. *Analyse the construction of the following paragraphs and identify the basic kind of structure of each paragraph.*

a) To replace the batteries first turn the power off. Then open the battery tray on the left edge of the bottom case. After having removed the old batteries from the battery tray insert two new batteries. Then replace the battery tray.

b) Camping is no longer a poor way of spending a holiday. Most camping sites are well equipped with hot and cold running water and shops and even restaurants. Besides, it is much cheaper than staying at a decent hotel. But above all, you enjoy enormous mobility. If you don't like a place, just get up and go. It is entirely up to you to stay as long as you like or to leave.

c) Long ago a man was walking through a field when he found a small shoe which he said belonged to a lepruchain. He carried it home and that night one of his own shoes was carried away. He did not know what to do and the next night the other shoe was taken away. The next day he took the lepruchain's out to clean it and forgot it outside. Next morning he noticed that there had been nothing taken out of the house in the night and the next day he found his shoes were brought back in the night.[12]

11 Evelyn Waugh (1929)
12 O'Reilly, D.: Sherkin Island, Litho Press Co., Midleton, Co. Cork, 1994

d) Small islands not capable of protecting themselves are the proper objects for government to take under their care; but there is something absurd, in supposing a Continent to be perpetually governed by an island. In no instance hath nature made the satellite larger than its primary planet; and as England and America with respect to each other, reverse the common order of nature, it is evident that they belong to different systems. England to Europe: America to itself.[13]

Um es dem Leser zu erleichtern, die Anordnung der Gedanken eindeutig zu erfassen und den Gedankengang nachvollziehen zu können, sollten die gedanklichen Beziehungen zwischen den einzelnen Aussagen auch sprachlich zum Ausdruck gebracht werden. Das geschieht mit **Satzverbindungspartikeln,** die, korrekt verwendet, nicht nur die gedankliche Verknüpfung deutlich machen, sondern auch die gedankliche Geschlossenheit des Sinnabschnitts auf der sprachlichen Ebene widerspiegeln.

Beispiel

The unity of a paragraph stems not only from its having a clearly recognizable topic, but from the logical sequence of your ideas. In addition, your sentences should hang together, in other words, they should be coherent. Therefore you should bridge the gaps between sentences with connectives that indicate their relationship.

Nützliche Satzverknüpfungspartikel

- **Zweck/Begründung:** as, since, because of, on account of, therefore, that is why, so that
- **Ort:** among, between, here, there, where, on the right/left, in the middle, in front of, behind, nearby, in the distance
- **Zeit:** now, while, as soon as, before, after, as long as, initially, previously, recently, finally, eventually, meanwhile, at the same time, at the moment, in the end, at last, since, from now on, time and again, off and on
- **Vergleich:** both, likewise, equally, as well as, as ... as
- **Kontrast:** although, though, on the contrary, but, however, in spite of
- **Schlussfolgerung:** accordingly, as a result, consequently, hence, thus
- **Bezugnahme:** concerning, regarding, related to, referring to, as to, as for

13 Paine, T.: "Common Sense" (1776), from: The Writings of Thomas Paine, ed. Moucure Daniel Conway, Putnam's, New York, 1894

Aufgabe

16. *Fill in the blanks. Make use of the following list of connectives: hence, likewise, meanwhile, on account of, provided that, though.*

a) Each country must find its own solution to the youth problems. ... each must find its own way of coping with the educational crisis.

b) I have not looked into his qualifications. He seems very intelligent, ...

c) All water had to be boiled ... there being a danger of typhoid fever.

d) Big cuts in the tax on luxury goods benefited only a few. ... thousands of families were on the breadline.

e) ... no objection is raised, the meeting will be held in room A.

f) The computer has become smaller and cheaper and ... more available to a greater number of people.

Zusammenfassend lässt sich feststellen, dass ein effektiv gestalteter Sinnabschnitt inhaltlich geschlossen, logisch aufgebaut und sprachlich verknüpft sein sollte. Daher gilt es nach Fertigstellung eines Sinnabschnitts zu prüfen, ob

- jeder Satz des Abschnitts sinnvoll zur Entwicklung oder Unterstützung der Kernaussage beiträgt,
- die Anordnung der einzelnen Aussagen klar und stringent ist,
- die sprachliche Verknüpfung der Sätze die gedankliche Geschlossenheit zum Ausdruck bringt.

Aufgabe

17. *The following paragraph is printed with the sentences out of order. Reorder the sentences correctly.*

- *When my sister got married and moved out of the apartment, it was just Mama and I sitting alone at night listening to the neighbours fighting next door.*
- *She thought that I would get a job in the city and be able to stay by her.*
- *I have always been well taken care of.*
- *When I finished college and went to the Police Academy, Mama was really proud.*
- *Since my father died of a heart attack, my two older sisters and my brother have been taking care of me, their little boy.*

18. *Find out the topic sentence and try to reconstruct the following paragraph.*

- *In Germany, for example, the representatives of unions serve on supervising boards; the companies' principal bankers also have plenty of clout in the strategic decisions of management.*
- *Despite these differences, all species of capitalism have certain essentials in common.*
- *In many European countries, shareholders have less say and workers more.*
- *In America, for instance, shareholders have comparatively big say in the running of the enterprise they own; workers, who are for the most part only weakly unionised, have much less influence.*
- *The main varieties of capitalism have always differed in significant respects.*

4 Zeichensetzung

Zum effektiven Schreiben gehört auch das korrekte Setzen von Satzzeichen. Die **Zeichensetzung** (punctuation) ist ein etablierter Kode von Zeichen, der es ermöglicht, schriftlichen Äußerungen Sinn zu verleihen oder ihren Sinn zu erschließen.

Der **Punkt** (full stop/period) markiert das Ende eines selbstständigen Satzes, ganz gleich, ob dieser eine Aussage, eine Aufforderung oder einen Wunsch ausdrückt. Dadurch signalisiert er dem Leser, dass ein vollständiger Gedanke abgeschlossen ist und ein neuer folgt.

Beispiel

He investigates the effects of language upon life. (statement)
Express yourself more concisely. (command)
Please, explain this passage to me. (request)

Das **Ausrufezeichen** (exclamation mark) dient der Betonung und sollte daher möglichst sparsam und überlegt eingesetzt werden, da es sonst an Wirkung einbüßt.

Beispiel

I can't believe he did that!

Das **Fragezeichen** (question mark) folgt auf eine direkte Frage, auf die eine Antwort erwartet wird. Bisweilen kann – aus rhetorischen Gründen – auch eine Aussage durch ein Fragezeichen als Frage formuliert werden.

Beispiel

Have you read "Tom Jones"? (direct question)
What kind of remark do you call that? (rhetorical question; used for effect)

Aufgabe

19. *Insert the missing punctuation marks. (full stop, exclamation mark or question mark)*

*a) Tina hated Mondays_ And this Monday was particularly horrible_ What a day_*

*b) Have you got any news from home yet_ My sister has damaged my car intentionally_ You don't believe that_*

*c) "Who was at the door_" she asked_*

*d) Would it be possible to send me a copy_*

*e) I never dreamt she would be so stupid_*

Die wichtigsten Funktionen des **Kommas** (comma) sind:
- Wörter oder Wortgruppen in einer Reihung oder in einer parallelen Konstruktion voneinander zu trennen,
- Einschübe oder einleitende Elemente von der übrigen Aussage abzusetzen,
- grammatische Strukturen wie z. B. Partizipialkonstruktionen, nicht notwendige Relativsätze oder vorangestellte abhängige Nebensätze anzuordnen.

Beispiele

They had orange juice, cold soup, and sandwiches for tea.
She can play the piano, or she can do her magic show.

Novels, like other dramatic art, deal with conflicts.
Speaking of Shakespeare, has anyone read "King Lear"?

Having read the instructions, he started the engine. (participal construction)
I gave the book to Eric, who lives next door. (non-defining relative clause)
After the clear days of Indian summer, the autumn skies grow dark and heavy. (introductory subordinate clause)

Das **Semikolon** (semicolon) markiert eine etwas stärkere Pause als das Komma. Der Gedanke, der nach einem Semikolon folgt, muss jedoch in enger Beziehung zum Vorausgegangenen stehen.

Beispiel

The house stood empty for years; no one would buy it.

Aufgabe

20. *Insert a comma or a semicolon where necessary.*

a) The animal which until then had been sleeping suddenly leapt to its feet.

b) I will be there tomorrow I will also be there next week.

c) It is a fine idea let's hope it is going to work.

d) The man whom I met at the station was my former teacher.

e) The book I believe is out of print.

f) However hard he tried he could not give up drinking.

g) It will be finished when you come back.

Der **Doppelpunkt** (colon) signalisiert meistens, dass dem vollständigen Satz eine Liste oder Aufzählung folgt. Ein Doppelpunkt kann auch verwendet werden, um einen Satzteil vom zweiten Teil zu trennen, wenn der zweite Teil eine Erweiterung, Zusammenfassung oder Erklärung des ersten Teils darstellt.

Beispiele

The text can be subdivided into four component parts: exposition, rising action, crisis and resolution.
That is the main problem: to filter the air.
At that school the academic standards are high, the staff are pleasant, and children enjoy going there: it is a highly regarded school.
I had to pay it: it had been my fault.

Anführungszeichen (quotation marks/inverted commas) stehen vor und nach wörtlichen Zitaten oder dem Titel eines Werks. Zitate wie Titel innerhalb eines Zitats werden durch einfache Anführungsstriche markiert. Längere Zitate werden auf eine andere Weise vom übrigen Text abgesetzt und benötigen keine Markierung durch Anführungszeichen. Darüber hinaus verwendet man Anführungszeichen auch, wenn man Begriffe oder Ausdrücke als ungewöhnlich, als dem Leser unbekannt oder als stilistisch eigentlich unpassend empfindet.

Beispiele

The girl has appeared to him to "throw open before him in an instant of ecstasy the ways of error and glory". (quotation)
"Sons and Lovers" seems to have the most conventional structure. (title)
Anthony said: "I hate her shouting 'dinner is ready' while I am telephoning." (quote within a quote)
You should explain the term "downloaded" in your text. (technical term)

Aufgabe

21. *Fill in the missing colons and quotation marks.*

a) *Some items of kit are indispensable map, compass and a torch.*

b) *Sit down, she said, and tell me all about it.*

c) *Churchill is said to have invented the term iron curtain.*

d) *We have had to change our plans the dates did not work.*

e) *The information was obscure and the directions were ambiguous incompetence.*

f) *Have you read Lord of the Flies?*

g) *Oh dear, thought Tony. What shall I do if she says Hello to me?*

Runde **Klammern** (brackets) werden im Englischen benutzt, um ergänzende Informationen in einen Satz einzufügen. Fällt dieser Zusatz an das Satzende, so steht das Satzschlusszeichen nach der Klammer. Besteht dieser Zusatz allerdings aus einem oder mehreren vollständigen Sätzen, so wird der Klammerausdruck wie ein selbstständiger Satz behandelt. Eckige Klammern dienen der zusätzlichen Information durch den Verfasser innerhalb eines Zitats oder einer in runden Klammern stehenden Information.

Beispiele

His walks (in Dublin) take him toward the river and the sea.
You should make use of the list of helpful expressions and phrases (in the Appendix).
In what way does this passage reflect the protagonist's attitude towards Ireland? (Make use of your findings so far.)

"Mark Twain said it [the river] taught him all he ever knew about life."
Conversational forms are now quite commonly used in articles in the press (including leading articles [see chapter 2] which would have echewed them ten years ago.

Wie runde Klammern können **Gedankenstriche** (dash) – paarweise gesetzt – verwendet werden, um ergänzende Informationen in einen Satz einzufügen. Einzeln gesetzt zeigt der Gedankenstrich an, dass entweder die begonnene Satzkonstruktion an dieser Stelle abgebrochen und nicht fortgeführt wird (anacoluthon), oder dass eine zusätzliche Erläuterung (amplification), eine Spezifizierung (particularisation) oder eine Verbesserung (correction) folgt.

Beispiele

No future generation – for those are the people we will be responsible to – will doubt that we were guiltless. (additional information)

But when you read such pamphlets – oddly enough I read a leaflet recently which was abundant of words without much meaning. (anacoluthon)

That takes us into the realm of grammar, syntax and idiom – three words that overlap and are often used loosely, with grammar as a generic term covering them all. (amplification)

His mind was arrested by the vision of the beauty of the scene – its wholeness, its harmony, its radiance. (particularisation)

The end of our resources was in sight – no, had actually been reached. (correction)

Auch wenn man sich wegen der Zeichensetzung keine übertriebenen Sorgen zu machen braucht, ist korrekte Zeichensetzung wichtig, denn fehlende oder falsch gesetzte Satzzeichen können die betreffende Aussage verfälschen oder unverständlich werden lassen. Deshalb sollte man nach dem Schreiben eines Textes die Zeichensetzung noch einmal überprüfen. Abgesehen davon gilt: Hat man die Grundprinzipien der Zeichensetzung begriffen, kann man frei und sicher schreiben.

Aufgabe

22. *Fill in brackets or dashes where appropriate.*

a) *The headmaster may even cancel the meeting. This is thought to be unlikely.*

b) *That was the end of the matter or so she thought.*

c) *All students who had been in the library during vacation several hundreds in all were questioned by the police.*

d) *"Stephen considered her the bird girl a symbol of his desire."*

e) *These are the facts facts that are incontrovertible.*

23. *Name each underlined punctuation mark and tell why it is used in the sentence.*

a) *The answer is easy: just reverse the two equations.*

b) *That's a great plan; let's hope it's going to work.*

c) *Isn't it amazing!*

d) *A derivative is a word formed by adding an ending (called "suffix") to a headword.*

e) *They need three kinds of support: economic, political and moral.*

f) *Would you please send me a brochure about Ireland?*

24. *Look at the blanks. If there is a punctuation mark needed, fill in the correct one and explain your choice.*

a) *"These false fathers are seen through his _ the protagonist's _ point-of-view."*
b) *The festival _ held in November _ always drew a lot of tourists.*
c) *Everybody realized _ that he was a foreigner.*
d) *"I heard _ Keep out _ being shouted, he explained."*
e) *If you are ever in Haywards Heath _ come and see us.*
f) *In addition _ both sides agreed _ that the moment for a deadline had arrived.*

5 Stil

Ziel des Schreibens ist es, sich zu verständigen – dem Leser Gedanken und Empfindungen so zu vermitteln, dass dieser sie möglichst genau nachvollziehen oder nachempfinden kann. Daher genügt es nicht, dass der Schreiber seine Empfindungen lediglich korrekt und verständlich ausdrückt, sondern er muss versuchen, sie so darzustellen, dass das o. g. Ziel möglichst effektiv erfüllt wird. Das Ergebnis dieser Gestaltung bezeichnet man als **Stil** (style).
Der Stil, in dem ein Text verfasst wird, hängt im Wesentlichen von vier Faktoren ab:

- der Persönlichkeit des Verfassers,
- seiner Schreibabsicht,
- dem Textgegenstand und
- der Vorstellung, die der Verfasser vom Leser hat.

Aufgrund dieser Abhängigkeit des Stils von der konkreten Schreibsituation scheint es unmöglich, Ratschläge für einen effektiven Stil zu erteilen. Allerdings gibt es durchaus Leitlinien für einen guten Stil, die allgemeine Gültigkeit besitzen (vgl. auch die Kapitel 2, 3, 4, 6). Über die detaillierten Hinweise zur Sprachbenutzung hinaus lassen sich zudem einige grundlegende Eigenschaften benennen, die einen effektiven Stil ausmachen. Hierzu gehören vor allem **Angemessenheit, Klarheit und Prägnanz.**

5.1 Angemessenheit

Die Gestaltung eines Textes muss dem Leser, dem Textgegenstand und vor allem der mit dem Text verfolgten Absicht entsprechen. Gestaltungselemente, die nicht zur Schreibsituation passen, irritieren den Leser und wirken oftmals sogar unfreiwillig komisch. In solch einem Fall würde das angestrebte Ziel der Verständigung beeinträchtigt.

Beispiele

a) (Situation: privater Brief an einen Freund)
Enclosed please find herewith the booklet you asked for in your last letter.

b) (Situation: Erörterung des Themas der Todesstrafe)
Once in the death row even the cold-blooded murderer is shaking in his boots.

c) (Situation: Bedienungsanleitung)
This, however, happens only once in a blue moon.

Diese Beispiele machen deutlich, dass korrekte Schreibung und Beachtung der Grammatik allein nicht ausreichen, um einen Sachverhalt *angemessen* auszudrücken. So ist in Beispiel a die förmliche Ausdrucksweise in einem Brief an einen Freund unpassend. Der Ton sollte dem Verhältnis zwischen Schreiber und Empfänger gerecht werden, hier also persönlich sein. Daher wäre "I enclose the booklet ..." vorzuziehen.

In Beispiel b wird der Ausdruck "is shaking in his boots" der Forderung nach Sachlichkeit bei der Erörterung des Themas "Todesstrafe" nicht gerecht und erweckt beim Leser eine eher komische Vorstellung. Er sollte besser durch "is scared" ersetzt werden.

Die Ausdrucksweise in Beispiel c schließlich lässt die Schreibabsicht außer Acht. Denn eine Anleitung verlangt eine präzise und sachliche Ausdrucksweise, um nachvollziehbar zu sein und nicht vom Wesentlichen abzulenken. Also sollte man hier vielleicht "rarely" statt "once in a blue moon" verwenden.

Im Englischunterricht kommen schwerwiegende Verstöße gegen das Gebot der Angemessenheit vor allem in den Bereichen Wortwahl und Wahl der Stilebene vor. Bedingt durch ihren meist recht begrenzten Wortschatz achten viele Schüler bei der Wortwahl häufig nur auf die **Grundbedeutung** (denotation) der betreffenden Ausdrücke und vernachlässigen deren **Nebenbedeutungen** (conotations) oder emotionalen Qualitäten, was dann meist zu Missverständnissen oder ungewollter Komik führt. Ist man sich also nicht sicher über die Nebenbedeutungen eines Wortes, so sollte man vor dessen Verwendung ein einsprachiges Wörterbuch konsultieren, das meist klare Auskunft über den Gebrauch eines Wortes gibt. In jedem Fall empfiehlt es sich, die Verwendung von Tabuwörtern (taboo words) – also vulgärsprachlichen oder blasphemischen Ausdrücken –, z. B. "bloody nonsense", sowie von veralteten (archaic) Begriffen, z. B. "handmaid", und von poetischen (poetic) Ausdrücken, z. B. "a valiant attempt", zu vermeiden.

Aufgabe

25. *Replace the words underlined by suitable synonyms. You may use your dictionary.*

a) Who could protect him from the wrath of his boss?
b) When it comes to drinking he is no laggard.
c) They beheld the dangerous rocks.
d) There were two wogs waiting at the corner.
e) They lived in a sequestered place in the hills.
f) He was respected as a lettered man.
g) Obviously they are in the shit.

Bei der Wortwahl sollte man ferner berücksichtigen, ob die jeweilige Textsorte eine **sachlich nüchterne** oder eine **subjektiv persönliche Haltung des Verfassers** verlangt. So verbietet sich z. B. bei sachlichen Schreiben die Verwendung emotiver Ausdrücke – Wörter, die neben der Grundbedeutung noch Gefühle oder Wertungen beinhalten.

Beispiele

... her masterly handling of the problem ... (anerkennend)
... notorious for bad service ... (missbilligend)
... a lot of hanky-panky ... (humorvoll)
... the ladies' cloakroom ... (beschönigend)

Alle diese Beispiele drücken neben der Grundbedeutung auch die subjektive Haltung des Schreibers aus und entsprechen daher nicht einem sachlichen Stil.

Aufgabe

26. *In each of the following pairs of synonyms one word has an emotive conotation and the other one is neutrally toned. Find out the emotive words and state what overtone each of them has got.*
cosy – comfortable, to die – to pass away, strong-willed – domineering, meticulous – finicky, itsy-bitsy – very small, senior citizen – old person, worthies – important persons, repetitive – monotonous

Wenn man bei der Wortwahl extreme Ausdrücke meidet, zwischen sachlichen und emotiven Wörtern unterscheidet und sich im Wesentlichen auf die vertrauten Vokabeln stützt, sollte es möglich sein, im lexikalischen Bereich schwere Verstöße gegen die Angemessenheit des Stils zu vermeiden.
Die Wahl der Stilebene richtet sich nach denselben Faktoren der Textsituation – Adressat, Textgegenstand, Schreibabsicht – wie bei der Wortwahl. Neben der Entscheidung für die angemessene Stilebene ist vor allem darauf zu achten, dass man nicht unbewusst unterschiedliche Stilebenen mischt, dass man also die Einheit des Stils wahrt. Dazu ist es notwendig, dass man wenigstens grundsätzliche Ahnung von den englischen Stilebenen hat, zumal die Abgrenzung der einzelnen Stilebenen sich im Englischen nicht mit der im Deutschen deckt.
Ganz allgemein unterscheidet man zwischen **formellem Englisch** (formal English) und dem **Alltagsenglisch** (informal English). Das formelle Englisch findet man vorwiegend in offiziellen, geschäftlichen und wissenschaftlichen Schreiben, aber auch im Alltag überall dort, wo eine gewisse Bildung verlangt wird oder zum Ausdruck gebracht werden soll. Während das formelle Englisch als Stilebene dem Schriftdeutschen entspricht, gibt es für das "informal English" keine treffende deutsche Entsprechung. Es bezieht sich auf das Englisch alltäglicher Gespräche ebenso wie auf die Umgangssprache (colloquial English) oder deren saloppe Varianten (slang). Dies ist kein "schlechteres Englisch", sondern völlig akzeptabel, solange es zur betreffenden Schreib- oder Gesprächssituation passt.

Beispiele

formal:
- appertain (= belong to)
- call forth (= make exist)
- revivify (= cause to become more active)

informal:
- play up (= annoy)
- have pots of money (= be very wealthy)
- have a go (= try)

Aufgrund der sozialen Entwicklung in den letzten drei Jahrzehnten ist die Grenze zwischen formalem und alltäglichem Englisch aufgeweicht, und vor allem in den Bereichen Wirtschaft, Politik und Medien haben viele "informelle" Wendungen – bedingt durch die veränderten Bedürfnisse der Massenkommunikation – Anerkennung und Anwendung erfahren. Für den Schüler kommt daher in der Praxis als mögliche Stilebene die untere Schicht des formellen Englisch ebenso in Frage wie der gehobenere Bereich des informellen Englisch, wobei die Schreibsituation die jeweiligen Tendenzen bestimmt. So verbieten sich z. B. umgangssprachliche Wendungen bei der Analyse eines literarischen Textes, während in einem persönlichen Brief formelles Englisch unpassend wäre. Die nachfolgende Gegenüberstellung der wesentlichsten Eigenschaften und Merkmale beider Stilebenen kann bei der sprachlichen Gestaltung eines Textes hilfreich sein:

	formelles Englisch	**informelles Englisch**
Eigenschaften	objektiv, sachlich, nüchtern, gewählt, anspruchsvoll (wenn in unpassender Situation verwendet, wirkt es distanziert, arrogant, affektiert)	subjektiv, vertraut, ungezwungen, lebendig (wenn in unpassender Situation verwendet, wirkt es unhöflich, ungebildet, schlampig)
Merkmale	– Fremdwörter (z. B. lateinischer Herkunft) – Nominalstil – komplexer Satzbau – Passiv – sachlich im Ton – präzise im Ausdruck – Fachbegriffe	– Wörter germanischen Ursprungs – Verbalstil – einfach gebaute Sätze – kurze Sätze (auch elliptische) – persönlicher Ton – gefühlsbetont im Ausdruck – einfache Verknüpfungen

Aufgabe

27. *Read the following sentences and find out which sentences are formal and which are informal English.*

a) He offers the request that both sides begin anew the quest for peace before the dark powers of destruction unleashed by science engulf all humanity in planned or accidental self-destruction.

b) Everyone had a down on the unfortunate headmaster.

c) He is very likely to be sent up.

d) The very paucity of evidence is obvious.

e) It has gone to pot, because nobody has worked at it.

Generell sollte man die extremen Bereiche beider Stilebenen in normalen Schreibsituationen vermeiden. Gehobene formale Wendungen wirken künstlich oder steif. Doch solche Verstöße gegen angemessenen Stil sind im schulischen Alltag eher selten. Vorsicht geboten ist jedoch im umgangssprachlichen Bereich (colloquial English, slang), da in der heutigen Zeit über die Massenmedien sehr viele Elemente dieses Stilbereichs in den Wortschatz der Schüler einfließen. In Gesprächen und persönlichen Schreiben ist eine zurückhaltende Form der Umgangssprache noch angemessen, nicht aber in sachlichen Texten oder in Schreiben an nicht persönlich bekannte Adressaten. Die saloppe Form der **Umgangssprache** (slang) ist für schriftliche Texte im Schulalltag in der Regel unpassend. Auch wenn Wendungen durch ihre Lebendigkeit und Anschaulichkeit beeindrucken, sind sie als Modeausdrücke oft kurzlebig und bisweilen provozierend, obszön und vulgär. Ihre Anwendung ist daher vorwiegend auf den mündlichen Bereich sowie auf rein private oder bestimmte soziale Kreise beschränkt.

Aufgabe

28. *Fill in the blanks. Choose from the listed words using the most appreciate one. (There are more words in the list than needed!)*
[*booze, bungling, cushy, digs, drink, fluffing, lodgings, pleasant, retrieved*]
- *a) This __ administration has to take the blame for it. (letter to the editor)*
- *b) When she was working in Akron she lived in _____. (summary of short story)*
- *c) He _____ his gun and went back to his car. (official report)*
- *d) After having lost their jobs they loll about and _____. (comment)*
- *e) It was a _____ job. (letter to a friend)*

29. *Find the slangy expressions in the following sentences and replace them by appropriate English.*
- *a) They tried to rip off the tourists.*
- *b) He had to take this job because he was broke.*
- *c) At the end of the conference they finally got down to the real nitty-gritty.*
- *d) Before they started she had been mugging up all necessary details.-*
- *e) He went spare reading those half-baked political opinions.*

5.2 Klarheit

Bei einem effektiven Stil muss die sprachliche Gestaltung klar und unmissverständlich sein. Dies setzt voraus, dass der Schreiber eine genaue Vorstellung von dem hat, was er in dem Text zum Ausdruck bringen will, denn ungenaue oder nur sehr allgemeine Vorstellungen lassen sich nicht klar ausdrücken. Daher ist es erforderlich, sich vor dem Schreiben zunächst einen exakten Begriff davon zu machen, was man schreiben will. Erst als nächster Schritt folgt die Überlegung: **Wie zwinge ich den Leser durch die sprachliche Gestaltung dazu, sich beim Lesen des Textes genau das vorzustellen, was ich will, dass er sich vorstellt.** Der Schreiber sollte also dem Leser die Möglichkeit einräumen, die Aussagen nach eigenem Gutdünken auslegen zu können. Folglich müssen die Aussagen – vor allem in Ausdruck und Satzbau – präzise und eindeutig formuliert werden. Dazu gehört in erster Linie das Bemühen um einen treffenden Ausdruck. Man soll also aus einer Anzahl möglicher Begriffe denjenigen auswählen, der am genauesten zutrifft. Häufig neigen Schreiber dazu, vor allem wenn sie unsicher sind, sich wie Schützen zu verhalten, die, um das Ziel wenigstens irgendwie zu treffen, lieber zum Schrotgewehr als zur Präzisionswaffe greifen. Sie ziehen also den allgemeinen Ausdruck dem genaueren vor.

Beispiele

- walk: step, stride, march, stroll, hike, ...
- great: large, energetic, vast, strong, marvellous, mightly, massive, ...

Aufgabe

30. *Replace the underlined words by more precise expressions from the list. Mind the correct forms: adore, cherish, discipline, gripping, hypothesis, picturesque, poison, segment.*

a) A grapefruit can be easily divided into <u>parts</u>.
b) They were men of responsibility and <u>order</u>.
c) Thousands of swans were <u>killed</u> by pesticides.
d) People have proposed all kinds of <u>ideas</u> about what these things are.
e) This is a piece of research which promises to be more <u>interesting</u> than most.
f) The hut was overlooking the <u>nice</u> fishing harbour.
g) People will <u>like</u> that film.
h) It will be an experience you will <u>love</u> for the rest of your life.

Im Bemühen um eine genaue Ausdrucksweise ist es auch ratsam, **auf abstrakte Begriffe,** wo es möglich ist, zu **verzichten.** Konkrete Bezeichnungen sind anschaulich, klar und meist vertraut, abstrakte Begriffe hingegen sind oft zu allgemein und bei den Lesern mit unterschiedlichen Vorstellungen verknüpft. Außerdem hat die Verwendung abstrakter Begriffe häufig den Nebeneffekt, die Aussage bedeutsamer erscheinen zu lassen, als sie oft gemeint ist.

Beispiele

abstract	*concrete*
This is not a practical proposition.	This cannot be done.
... in the majority of cases accidents occurred ...	... most accidents occurred ...
... should circumstances arise in which ...	... if ...

Aufgabe

31. *Transform the following official sounding passage into a more specific and concrete one.*

Please refrain from discarding litter items on the school grounds or in the school buildings. Use the litter receptacles placed throughout the grounds for such purposes. Your cooperation in this matter is appreciated.

Um Missverständnisse oder Mehrdeutigkeit zu vermeiden, sollte man auch im Bereich des Satzbaus auf Klarheit achten. Abgesehen von der Einhaltung der syntaktischen Regeln und der korrekten Wortstellung (vergl. Kapitel 2) geht es dabei zum einen um die eindeutige Beziehung der Satzglieder untereinander sowie deren Gewichtung innerhalb des Satzes, zum anderen um die Übersichtlichkeit des Satzbaus innerhalb eines Abschnitts oder des gesamten Textes.

Zu Unklarheiten im Bereich des Satzbaus kommt es vor allem bei der Verwendung von **Pronomen.**

Beispiel

Harry Cooper almost defeated Cassius Clay when he (?) was World Champion.

Dem Leser wird hier nicht klar, welcher der beiden Boxer zu jener Zeit Weltmeister war. Daher sollte man bei der Verwendung von Pronomen stets prüfen, ob deren Bezug eindeutig ist.

Dies gilt ebenso für die Verwendung von **Adverbien.** Denn je nach der Position des Adverbs kann sich die Beziehung und damit die Aussage verändern.

Beispiel

I only wanted to ask (nothing else). I wanted only two pieces (not four).

Als Leitlinie kann hier gelten, Adverbien möglichst in die Nähe des Wortes zu setzen, das sie bestimmen.

Aufgabe

32. *Put in the adverbs in the most suitable position.*

a) Above all it is a good paper. (editorially)
b) The repair has not been done. (properly)
c) They were right. (absolutely)
d) Nevertheless he was relaxed. (fairly)
e) The box was so heavy that they could lift it. (hardly)
f) She forgot her passport. (foolishly)
g) They looked at everyone who got off the plane. (suspiciously)

Die Stellung im Satz drückt jedoch nicht nur die Beziehung der einzelnen Satzteile zueinander aus, sie verleiht ihrer Bedeutung auch unterschiedliches Gewicht. Wenn man dies nicht berücksichtigt, kann es passieren, dass ein Ausdruck ungewollt eine besondere **Betonung** erfährt, was den Leser dann verwirrt. Die wirkungsvollste Stelle für eine Betonung ist das Satzende, vor allem dann, wenn der Satz bewusst auf einen Höhepunkt am Satzende ausgelegt ist. Die zweite betonte Stelle ist der Satzanfang. Folglich sollten Satzende und Satzanfang nicht mit unwichtigen oder farblosen Ausdrücken besetzt werden.

Beispiele

a) This is hardly a plan we have confidence in. (besser: ... in which we have confidence)
b) It is intended that we should support this project. (bessser: We intend to support ...)

In Beispiel a endet der Satz mit einer bedeutungsschwachen Präposition, während der wesentlich wichtigere Ausdruck "confidence" fast untergeht. Ebenso blass ist bei b der Satzanfang durch die unpersönliche Konstruktion.

Aufgabe

33. *Re-arrange the following sentences so that they get more impact.*

a) They have nothing to fear in spite of what people may say.

b) It is wrong to think that there can be any return to the past.

c) As a child in the fifties I well remember my first, exquisite visit to the Milk Bar, the latest import.

d) Our greatest social problem is the underclass and that it will get worse all trends suggest.

e) For almost a century there hasn't been any group that has experienced such isolation and exclusion.

Auch wenn keine besondere Betonung erforderlich oder gewünscht ist, sollte man den Satzbau bewusst gestalten. So erhält man das Interesse des Lesers leichter aufrecht, wenn man ständige Wiederholung der gleichen Satzbaumuster vermeidet und sich um Abwechslung im Satzbau bemüht.

Beispiele

a) That much I can understand. (Objekt vor dem Verb)
b) Rarely have students ... (Inversion)
c) When (she was) young, she read ... (Auslassung)
d) Infrequently though it may happen ... (Anfangsstellung des Adverbs)

Abwechslung im Satzbau vermag nicht nur die Aufmerksamkeit des Lesers zu lenken, sie erleichtert es dem Schreiber auch, die Sätze sprachlich besser miteinander zu verknüpfen.

Aufgabe

34. *Reconstruct the following sentences into one coherent paragraph. You may change the sequence of the sentences as well as their construction.*

The Japanese care about food. The Japanese have the highest life expectancy in the world, even though they smoke and eat salty, pickled food. Japanese people who adopt a Western lifestyle and diet interestingly acquire the same risk of heart disease as the rest of us. Japanese schoolchildren are taught in food lessons to eat 30 different foods a day. The Japanese have the philosophy that variety will provide what they feel they need for health. This is reflected in the lunchboxes of the Japanese schoolchildren.

5.3 Prägnanz

Prägnanz (pithiness) – die **gehaltvolle Knappheit und Treffsicherheit bei der Formulierung** – ist eines der wesentlichsten Merkmale guten Stils. Für den Schüler der gymnasialen Oberstufe ist Prägnanz jedoch nicht nur als Stilmerkmal wichtig, sondern auch von praktischem Wert. Denn in Klausuren wie auch im Abitur ist der Aufsatz (composition) als Teil der Textaufgabe meist auf eine bestimmte Wortzahl begrenzt, die nicht oder nur minimal überschritten werden darf. Hier ist es durch einen prägnanten Stil möglich, den Informationswert des Aufsatzes – und damit auch die Zahl der Bewertungseinheiten für den Inhalt – beträchtlich zu steigern. Bei der meist hohen Gewichtung dieses Aufgabenteils kann das für die Gesamtaufgabe schnell einen ganzen Punkt ausmachen.
Prägnant ist ein Stil dann, wenn die Formulierung der Aussagen **knapp** (concise) und **treffend** (precise) ist. Damit dies gelingt, muss man dieses Ziel bei der sprachlichen Gestaltung von Anfang an im Auge behalten, beginnend bei der Wortwahl, über die Formulierung der Aussage bis hin zur letzten Überarbeitung.

Bei der **Wortwahl** gilt allgemein: Ein sorgfältig gewähltes treffendes Wort ist wirkungsvoller als ein allgemeiner Ausdruck, der durch zusätzliche Adjektive, Adverbien oder gar einen Relativsatz erst näher bestimmt werden muss. Auch ist bei der Wortwahl häufig die einfache konkrete Bezeichnung umständlicheren abstrakten Umschreibungen vorzuziehen.

Beispiele

grindstone: a large round stone
disorder: a state in which it is difficult to find anything

... a certain amount of difficulty	→	some difficulty
... a speech of controversial nature	→	a controversial speech
... complete lack of	→	no

Aufgabe

35. *Rewrite the following sentences and try to replace the underlined words in each sentence by one appropriate expression. You may change the word order.*

a) The economic decline had <u>gradually weakened</u> the authority of the state.

b) That gives us a dimension <u>that is shared by all of us</u>.

c) *This deserves our feeling of thankfulness.*
d) *The government will have to think about carefully which step to take.*
e) *There are thousands of people who always obey the law.*
f) *His advisers are highly motivated and of the same opinion.*
g) *Sir Francis Bacon was a famous person who lived at the same time as Shakespeare.*

Bei der Formulierung der Aussagen gilt gleichermaßen: Je knapper und einfacher man Aussagen formuliert, umso effektiver sind sie. Dies betrifft nicht nur den Satzbau, der häufig unübersichtlich gerät, weil man in einen Satz mehrere Aussagen einbettet, um so das Problem der Satzverknüpfung zu umgehen. Oft ist in Schülerarbeiten auch die Verwendung des Passivs unangebracht. Ist das Subjekt oder der "Täter" bekannt und nicht völlig unwichtig, drückt man die Aussage wirkungsvoller im **Aktiv** aus.

Beispiele

It is thought by many critics ... → Many critics think ...
What is being proposed is ... → The proposal is ...

Aufgabe

36. *Turn the following sentences into the active voice.*
a) *This speed limit is to be introduced gradually by the authorities.*
b) *Her paintings are to be exhibited by the New Arts Gallery.*
c) *Byron is said to have lived on potatoes and vinegar.*
d) *In some districts pigs are used by farmers to find truffles.*
e) *All the shop windows were broken by the mob in recent riots.*
f) *This rumour must have been started by his opponents.*
g) *This scientific theory has now been proved by experts to be false.*

37. *Rewrite the following passage and try to improve its wording.*
Writing can never be perfect, for it can always be improved. In many cases ideas can be expressed more effectively. Nevertheless, if time is taken to examine the text and make corrections this might not be done in vain. For if your corrections improve the text written by you, you will get more credits for it.

Angemessenheit, Klarheit und Prägnanz sind nur drei von vielen Anforderungen, die an die sprachliche Ausführung eines Textes zu stellen sind. Allerdings sind sie es vor allem, die Schülern im Unterricht der Oberstufe nicht selten Schwierigkeiten bereiten. Einen guten Stil entwickelt man jedoch nicht von heute auf morgen, sondern man erwirbt ihn durch stetes Anwenden und Bemühen um Verbesserung. Vielleicht können die nachfolgenden Faustregeln dabei helfen:

- Versuchen Sie, sich **knapp, einfach und natürlich** auszudrücken.
- Bemühen Sie sich stets um einen **treffenden Ausdruck** (möglichst genau und konkret).
- Konstruieren Sie Ihre Sätze **klar und übersichtlich.** (Je schwieriger der Inhalt, desto einfacher der Satzbau.)
- Achten Sie auf **eindeutige Beziehungen** bei der Verwendung von Pronomen, Attributen etc.
- **Vermeiden Sie Wiederholungen** im Ausdruck wie auch im Satzbau.
- Verdeutlichen Sie den gedanklichen Zusammenhang durch entsprechende **sprachliche Verknüpfungen.**

Aufgabe

38. *Try to restate the following sentences more clearly and concisely.*

a) In selection procedures little weight was attached to good manners.

b) A very low proportion of people wish to be laden with the full texts of a day or two-day seminar.

c) Further price increases may be unavoidable against the background of rising costs.

d) There has been persistent instability in numbers of staff.

e) They left after a quarter of an hour because they were disappointed with the lecture.

f) She was enthusiastic to talk about all those things she had seen during her holidays.

g) In spite of the fact that the plan of the committee was voted down, nobody could suggest a better solution.

h) Some were opposed to hanging as a means of execution where women were concerned.

6 Schreibplan

Beim Schreiben – ganz gleich, ob man z. B. eine Frage zu einem Text beantwortet oder einen Aufsatz verfasst – wird man in der Regel mit zwei Problemen konfrontiert:
- Was soll ich schreiben?
- Wie fange ich an?

Man kann nun entweder auf das leere Blatt starren und auf eine Eingebung warten oder aber nach einem eingeübten Plan vorgehen. Denn unabhängig von der konkreten Schreibsituation gibt es allgemein gültige Schritte, wie man an eine schriftliche Aufgabe herangeht, zu Informationen und Gedanken gelangt und diese in eine sinnvolle Ordnung bringt. So hat man, bereits bevor man mit dem Schreiben beginnt, eine konkrete Rahmenvorstellung davon, wie der Text aufgebaut sein wird. Diese wird dem Schreiber helfen, Vertrauen in seine eigene Schreibfertigkeit zu gewinnen und statt Löcher in die Luft zu starren, sich auf die möglichst effektive Gestaltung seines Textes zu konzentrieren.

Zuerst muss man sich darüber klar werden, **warum man schreibt und was man damit erreichen will.** Die Beantwortung dieser Fragen bestimmt nicht nur die Stoffsammlung, sondern auch die Anordnung der Gedanken.

Beispiele

a) Beantwortung des Briefes eines amerikanischen Brieffreunds
b) Beantworten einer Frage zum Text im Rahmen einer Textaufgabe
c) Stellungnahme im Rahmen einer Klausur

In Beispiel a schreibt man, weil man einen Brief beantworten will. Daher wird dieser Brief auch der Ausgangspunkt für die Stoffsammlung sein. Dort enthaltene Fragen und Aussagen verlangen Antworten und Kommentierung. Je nachdem, ob man den Briefwechsel lediglich aufrecht erhalten will oder weitere Absichten mit dem Antwortschreiben verfolgt, wird sich das auch in den Aussagen und deren Anordnung niederschlagen.

Die Beispiele b und c unterscheiden sich vor allem in ihrem Ziel. Während in b das Textverständnis nachgewiesen werden soll – die Stoffsammlung erwächst also ganz aus der Textarbeit –, geht es bei c um die Meinung des Schreibers und seine Fertigkeit, diese angemessen darzulegen. Quelle für die Stoffsammlung ist hier also der Kenntnis- und Erfahrungsschatz des Schreibers, und die Anordnung der Gedanken erfolgt nach im Unterricht erworbenen Fertigkeiten.
Schreiben findet im Englischunterricht überwiegend im Rahmen von häuslichen Arbeitsaufträgen, Übungen und Klausuren statt. Die Texte, die dabei entstehen, sind also nicht privat. Und die meisten solcher "nicht-privater" Texte sind nach folgendem Grundmuster aufgebaut:

I. Hinführung (introduction)
II. Entfaltung (development)
III. Schluss (conclusion)

Die drei Teile dieses Grundmusters bezeichnen notwendige Aufgaben, die jeweils in dem einzelnen Teil zu erfüllen sind. So muss der Leser in Teil I zum Hauptteil des Textes geführt werden. Dies geschieht, indem man den Leser darüber informiert, worauf sich die nachfolgenden Äußerungen beziehen oder warum man sich zu diesem Thema äußert. In Teil II legt man dar, was man zu dem Thema zu sagen hat, und – falls angebracht – begründet und veranschaulicht dies. Im letzten Teil schließlich fasst man das Wesentliche knapp zusammen oder zieht eine Schlussfolgerung aus dem Gesagten.
Diese Grundmuster gelten für die meisten "nicht-privaten" Texte, also auch – und das wird häufig übersehen – für Erklärungen oder für die Beantwortung von Fragen zum Text.

Beispiel

Auftrag:
Comment on the writer's choice of words.

Beantwortung:
All in all, the writer's choice of words ... (introduction)

... is adequate to his subject matter. Where appropriate, he uses the correct technical terms (cf. lines 3, 24, 33, 35). His diction shows a quite sophisticated range of vocabulary and has mostly a rather high degree of reference. (development)

Thus, in general, the writer's choice of words comes up to what the reader of a quality paper expects the style of a feature to look like. (conclusion)

Im nächsten Schritt sammelt man Informationen und Gedanken zu dem, worüber man schreiben will. Bei schriftlichen Aufgaben, die sich auf eine Textvorlage beziehen, z. B. Erklärungen, Fragen zum Text und Zusammenfassungen, erwächst die Stoffsammlung aus gründlicher Textarbeit.
Bei freien Gestaltungsaufgaben zu einem bestimmten Thema wie Stellungnahme, Erörterung oder Brief sind eigenes Wissen und eigene Erfahrung die Quellen für die Stoffsammlung. Als Methoden zur Erstellung der Stoffsammlung können hier das **Brainstorming** oder die **Begriffserklärung** dienen. (Eine genauere Erläuterung dieser Verfahren erfolgt im Kapitel 10.)
Als Ergebnis erhält man in jedem Fall eine Liste von Stichworten, vergleichbar mit einer Einkaufsliste. So, wie man die Posten einer Einkaufsliste den unterschiedlichen Geschäften zuordnet und diese Gruppen dann in die Reihenfolge bringt, in der man die Geschäfte aufzusuchen gedenkt, so bringt man die Stichpunkte seiner Stoffsammlung in eine logische und angemessene Ordnung.

Aufgabe

39. *Try to organize the list of ideas below in a logical and acceptable order. You are writing to a friend describing your first day at your new school.*

arrival – met the headmaster / sports in the afternoon quite tough / invitation for a visit in the next holidays / 10 minutes to walk to school / thanks for letter / lessons rather boring / lunch break – shown round the building / several new buildings surrounded by park / 4.30 p.m. – felt exhausted / will have to wait and see / atmosphere in class relaxed.

Hat man seine Stoffsammlung geordnet, dann kann man entsprechend dem Grundmuster für "nicht-private" Texte daraus einen Schreibplan gestalten.

Beispiel

(Two months ago you bought a cassette reorder. The motor has failed several times and although it has been repaired twice, it still does not work properly. So you write to the manufacturer to obtain a refund.)

plan:

I. introduction: details of purchase – nature of complaint

II. development: details of repair

III. conclusion: returning the recorder – enclosing receipt – would like refund

Mit dem Schreibplan sind die Vorüberlegungen zu einer schriftlichen Arbeit abgeschlossen und man kann sich ganz auf die sprachliche Gestaltung konzentrieren. Mag manchem diese Vorgehensweise auch aufwendig und für weniger umfangreiche Aufgaben vielleicht sogar übertrieben vorkommen, so sollte man Folgendes bedenken: Bei Aufgaben von geringem Umfang ist die Erstellung eines Schreibplans auch weniger aufwendig. Was aber noch wichtiger ist: Viele Schüler konzentrieren sich bei schriftlichen Aufgaben in erster Linie auf den Inhalt und vernachlässigen so zwangsläufig die sprachliche Ausführung, und das, obwohl bei Klausuren und Prüfungen die sprachliche Ausführung das gleiche Gewicht wie der Inhalt hat und bei den meisten Aufsätzen sogar noch deutlich höher gewichtet wird.

Aufgabe

40. *You are asked to write a description of your best friend. Sketch a writing plan for your description.*

7 Kurze Textformen

Vor allem im Rahmen von Textaufgaben werden vom Schüler kürzere Textformen (short pieces of writing) verlangt, wie z. B. **Paraphrasen** (paraphrases), **Definitionen** (definitions) und **Erklärungen** (explanations). Alle diese Aufgabentypen haben das gemeinsame Ziel, das Textverständnis des Schülers zu überprüfen. Daher beziehen sie sich auch auf eine bestimmte Textvorlage, und ihre Bearbeitung ist inhaltlich an diese Vorlage gebunden. Dies sollte den Schüler jedoch nicht dazu verleiten, sich ausschließlich auf den Inhalt zu konzentrieren. Denn solche Aufgaben dienen auch der Überprüfung der Schreibfertigkeit. Daher muss der sprachlichen Gestaltung solcher kurzen Textformen dieselbe Aufmerksamkeit und Sorgfalt geschenkt werden wie deren Inhalt.
Um die Erläuterungen zu diesen Textformen anschaulich zu gestalten, wird ihrer Darstellung ein Beispieltext vorangestellt, an dem die einzelnen Textformen aufgezeigt werden.

Beispiel

They thought it wouldn't catch on ... Veteran critic Richard Last on television's 60 astonishing years

How TV conquered the world[14]

Viewing in the Fifties: the hugely popular televising of the Queen's Coronation in 1953 marked the true beginning of the modern broadcasting era

At school my class was required to write an essay on recent inventions which could change the world. It was wartime and the brand-new marvel of television – born 60 years ago tomorrow – had been suspended for the duration, but even had it been up and running I don't think it would have featured in our teenage thinking. Not quite three years old when the axe fell in September 1939, the infant service was for most people an intriguing but expensive novelty which was never going to supplant radio. That was pretty much how the British establishment saw TV after its rebirth in 1946. Churchill and Attlee refused to appear on it; Macmillan recognised its potential with misgiving. Reith, founding father of the BBC, totally ignored the Alexandra Palace launch in his memoirs. Among the upper crust generally, television was considered a suitable distraction for the servants.

14 Daily Telegraph, November 1, 1996

Nowhere was this attitude more firmly entrenched than at the top of the BBC, where the restored service was regarded as a frivolous adjunct to the undying glory of radio. For almost a decade after the war, television news remained geared to the spoken word, with pictures (often stills) as afterthoughts. Politics on the box was all but banned. Neither BBC chairman nor directors-general kept a set in their homes. The first DG to be appointed from a television background was the late Sir Ian Trethowan, in 1977.

Sixty years on, the ugly duckling of broadcasting has not so much changed the world as come close to conquering it. For hundreds of millions of people in developed and developing countries alike it is the prime source of information, entertainment and relaxation. It orders the fate of political parties and changes the conduct of wars. It has introduced the near-illiterate to great literature and taken the poorest citizens into the opera house. It has exerted more influence on the progress of the human race than any invention since moveable-type printing.

Linked to the computer, the television screen may bring about the greatest change in our working habits since the Industrial Revolution. There are more than a billion and a quarter television sets distributed round the world, one to every four human beings on earth. In Britain the average citizen watches for 25 hours a week.

Compared with other technical developments of the 20th century, television had an extraordinary long gestation. Some of its basic principles go back well into the 19th century. The photo-electric cell, which led on to the cathode ray tube, was invented before the First World War. Even when all the bits and pieces had been put together by John Logie Baird, it took another 10 years before the world's first high-definition service was established by the BBC on November 2, 1936.

American TV started after ours but had a clear run through the war years. In Britain, it was the Coronation which gave the suspect new medium its kick-start. The fact that the monarch herself insisted that her crowning should be televised, against the advice of her ministers, helped to bring telly respectability as well as a brisk business in TV licences (from three-quarters of a million in 1951 to more than three million by 1954). The arrival of ITV in 1955 finally turned television into the "people's medium", forcing the BBC to come off its Reithian perch and compete in the cultural market-place. Paradoxically, the carefully balanced BBC-ITV duopoly also gave us the most upmarket commercial television on earth, until the 1990 Broadcasting Act wilfully overthrew it.

That was the story until the mid-1980s. For something like the last 10 of its 60 years, television has been plunged into crisis. Technology and the determination of very rich entrepreneurs like Rupert Murdoch and Silvio Berlusconi to become even richer have filled the sky with new channels, all hungry for programmes and money. But the audience is finite and so, eventually, when pay-per-view satellite has squeezed the last drop of cash from sports fanatics, is finance.

The satellite and cable age, already a reality in a quarter of Britain's 23 million TV homes, is bad news for viewers who once got their football and boxing for the price of the licence. It presents an increasing challenge to the terrestrial broadcasters, who see their audience share being slowly eroded.

Most worrying of all is the advent of television's "fossil fuel" era. In the old days the TV organisations largely made their own programmes. Now whole channels are devoted to recycling the hits, and in many cases the misses, of the past. The BBC's commercial outlets are gearing themselves – and who shall blame them? – to making a killing from the Corporation's vast archive of comedy, drama and documentary programmes. The downside of this process is that no one, least of all the satellite stations, is in a position to replenish the production coffers at anything like consumption rate.

Most British viewers, reared on the comfortable certainties of regulated duopoly, have a vague perception that telly is not what it used to be. No one could be in serious doubt that the mid-Atlantic bluster of *Rhodes,* produced like 60 per cent of BBC drama by an independent company, is leagues away from the shining literacy of ITV's *The Jewel in the Crown.* Yet many standards hold up remarkably well. Wildlife programmes, always internationally saleable, remain superb. The best documentaries on my screen are still varied and often trenchant; 1996 has produced a particularly notable crop.

It is in the crucial areas of drama and entertainment that constantly increasing pressures towards international blandness and easy ratings are leaving their worst mark. British television's reputation was built on the programmes it made for the domestic market, with foreign sales as a desirable extra. No one can afford any longer to think in such naive terms. *Monty Python,* a rating dud for two series, would find few backers in the competitive age.

So should we be apprehensive, guardedly optimistic, or merely anxious about the future of the medium? The late Dennis Potter was not alone in believing that the Golden Age of television had already passed. But then an obituarist writing in 1616 might have concluded that the Golden Age of English literature has passed.

In the new free-for-all era, we shall have to learn to use television as we have long learned to use the printed word. Just as the discerning visitor to WH Smith must find his way past the Jeffrey Archer promotional shelves to discover the latest David Lodge, viewers will have to pick their way through the dross of hundreds of channels to discover the remaining gold. The remote control will become the most essential tool after the set itself.

All anyone can say with certainty about the future of TV is that there will be more of it, and that it will be a different shape. The BBC is due to start broadcasting in the new improved marvel of digital widescreen by the end of next year. As with the advent of colour, viewers will soon have a choice of investing in one of the new sets (£ 1,400 a go but bound to come down), or becoming a fuddy-duddy.

My guess is that the future will lie increasingly with generic channels (those devoted to one strand of programming, such as sport or movies), and that the BBC licence will be replaced by voluntary subscription fairly early in the new century, whatever government is in power. The best news for viewers could be a decision by John Birt's successors to concentrate on quality programme production, for sale to all comers as well as for broadcasting on the Beeb's own channels.

Like the nuclear bomb, television cannot be uninvented. I for one would not want it to be. Nine years older than the box, I have absolutely no doubt that it has made me better informed, more aware of the world I inhabit, than my parents ever were. My children and grandchildren will no doubt be better informed still. I can only hope they will get as much benefit from the next 60 years as I've had from a lot of the past 60.

7.1 Paraphrasen

Bei dem Aufgabentyp der Paraphrase (paraphrases) soll eine **zitierte Passage aus der Textvorlage in eigenen Worten wiedergegeben werden.** Dabei dürfen die besonders gekennzeichneten Wörter der Textstelle nicht wieder verwendet werden.

Beispiel

Text: "... which was never going to supplant radio." (ll. 6/7)
Paraphrase: which was never going to take the place of radio.

Über die o. g. Beschreibung des Aufgabentyps der Paraphrase hinaus gibt es bisweilen weitere Bedingungen für die Bearbeitung einer solchen Aufgabe. So gilt z. B. für die Abiturprüfung, dass die besonders gekennzeichneten Wörter der Textstelle nicht einfach durch Synonyme ersetzt werden dürfen. Die Paraphrase soll vielmehr im Satzbau von der Vorlage abweichen. Ebenso unterschiedlich gehandhabt wird auch die Forderung, dass die Lösung sich strukturell in den Zusammenhang des Originaltextes einfügen lassen muss. Bevor man in eine Prüfung geht, sollte man also darüber informiert sein, welche genauen Bedingungen für diesen Aufgabentyp jeweils gelten.

Grundsätzlich gibt es zwei Wege, eine Textstelle in eigenen Worten wiederzugeben. Bei dem einen Weg ersetzt man die gekennzeichneten Wörter jeweils durch Synonyme, verneinte Antonyme etc. Hierbei bleibt die Satzstruktur erhalten. Bei der anderen Art der Umschreibung verändert sich die Satzstruktur in Bereichen wie Wortart, Modus, Satzbau etc.

Beispiele

Text: "... Macmillan recognized its potential with misgiving." (ll. 8/9)
Paraphrase: Macmillan recognized its potential with doubt. (Synonym)

Text: "... regarded as frivolous adjunct to ..." (l. 13)
Paraphrase: ... regarded as an unimportant addition to ... (verneintes Antonym/ Synonym)

Text: "Linked to the computer the television screen ..." (l. 26)
Paraphrase: In combination with the computer the television screen ... (Wortart)

Text: "... it is the prime source of information ..." (l. 21)
Paraphrase: it is the source of information which is most important ... (Relativsatz)

Wenn es einem bei der Textaufgabe schwer fällt, ein Zitat zu umschreiben, kann man dieses Zitat zuerst in seine Muttersprache übersetzen, dort umschreiben und dann die Lösung ins Englische übertragen.

Aufgabe

41. *Paraphrase the following passages from the text. Do not use the underlined words or words derived from their stems.*

a) "... when the axe fell in September 1939, ..." (l. 5)

b) "It has exerted more influence on the progress of human race ..." (ll. 24/25)

c) "... which gave the suspect new medium its kick start." (l. 37)

d) "The arrival of ITV in 1955 finally turned television into the 'people's medium' ..." (ll. 41/42)

e) "... are gearing themselves – ... – to make a killing ..." (ll. 59/60)

f) "Yet many standards hold up remarkably well." (l. 68)

7.2 Definitionen

Die Aufgabe mit der Anweisung "Define ..." oder "Give a definition ..." **überprüft die Kenntnis der grundsätzlichen Bedeutung eines Wortes oder Ausdrucks.** Dabei ist die allgemeine Grundbedeutung des im Text vorkommenden Begriffs gemeint, also nicht begrenzt auf die im Text realisierten Aspekte.
Die Lösung einer solchen Aufgabe wird in Form eines vollständigen Satzes erwartet. Dabei empfiehlt es sich, den Begriff (term) zuerst einer geeigneten Klasse zuzuordnen und dann herauszufinden, was diesen von den anderen Mitgliedern dieser Klasse unterscheidet.
Die geforderte Definition besteht in der Regel aus
- dem zu definierenden Begriff (term),
- der Bezeichnung seiner Klasse (class),
- sowie der Benennung seiner besonderen Eigenschaften (particular qualities).

Beispiele

Term: distraction (l. 11)
Definition: Distraction (= term)
is an activity (= class)
that is not serious and which is intended to amuse you. (= particular qualities)

Term: a fuddy-duddy (l. 92)
Definition: A person (= class)
that is old-fashioned and dull in his appearance or attitude (= particular qualities)
is described as a fuddy-duddy. (= term)

Bei einer Definition darf der Begriff nicht mithilfe eines Beispiels erklärt werden. Ein Beispiel kann höchstens – wenn überhaupt – als ergänzende Veranschaulichung angeführt werden. Bei einer Textaufgabe ist dies in der Regel nicht vorgesehen und müsste in der Aufgabenstellung ausdrücklich gewünscht werden.

Aufgabe

42. *Define the following expressions taken from the text:*
a) upper crust (l. 10)
b) dross (l. 85)
c) marvel (l. 90)

7.3 Erklärungen

Die Aufgabenform der Erklärung (explanation) dient bei der Textaufgabe der Überprüfung des Textverständnisses. Wie bei der Definition wird meist eine Erklärung eines Begriffes oder Ausdrucks – gegebenenfalls auch einer ganzen Aussage – aus der Textvorlage verlangt. Im Gegensatz zur Definition allerdings geht es bei der Erklärung um die **textimmanente Bedeutung des Ausdrucks,** also nur um die Bedeutung, die der jeweilige Ausdruck in der entsprechenden Textvorlage erfährt.
Die Beantwortung der Aufgabe erfolgt nach gründlicher Textarbeit. Ausgehend von der Grundbedeutung des Ausdrucks bestimmt man die Veränderung, die die Grundbedeutung durch den konkreten Textzusammenhang erfährt, und gelangt so zu der speziellen Bedeutung, die der Ausdruck in der Textvorlage hat.

Beispiel

Expression: "... television's fossil fuel era ..." (l. 56)

Explanation: "fossil fuel" generally denotes material that is formed from the decayed remains of plants or animals. In the text "fossil fuel" refers to TV programmes. So "television's fossil fuel era" refers to a period in the development of TV where TV organizations are trying to reutilize their old programmes instead of producing new ones.

Die Beantwortung einer solchen Aufgabe sollte möglichst so ausgeführt werden, dass die Erschließung der Bedeutung aus dem Textzusammenhang nachvollzogen werden kann.

Aufgabe

43. *Explain what is meant by each of the following passages from the text:*

a) "... television had an extraordinarily long gestation." (ll. 30/31)

b) "... forcing the BBC to come off its Reithian perch ..." (l. 42)

c) "... for sale to all comers ..." (ll. 97/98)

7.4 Fragen zum Text

Fragen zum Text (questions on the text) können vielfältiger Natur sein, da sie sich auf alle möglichen Bereiche der Textarbeit beziehen können.[15] Es ist daher müßig, hier auf die unterschiedlichen Formen der Fragen einzugehen.

Unabhängig von der jeweiligen Frage gibt es jedoch einzelne Punkte, die es bei ihrer Beantwortung zu beachten gilt. So überprüfen alle diese Fragen das Textverständnis. Die Lösung muss daher aus dem Text erarbeitet und begründet werden. Gleichzeitig dient die Beantwortung der Fragen aber auch der Überprüfung der schriftlichen Ausdrucksfähigkeit. Die Antwort muss also auch sprachlich – in Wortwahl und Satzbau – sorgfältig gestaltet werden.

15 Vergl.: Abitur Training, Englisch – Grundlagen der Textarbeit, Stark Verlag, Titel-Nr. 94464

Aus diesen Anforderungen ergeben sich folgende Leitlinien für die Beantwortung von Fragen zum Text:

- Die Antwort muss sich auf den **Kern der Frage** beziehen.
- Die Ergebnisse der Textarbeit müssen **am Text nachgewiesen** werden.
- Die Darstellung muss **gedanklich und sprachlich zusammenhängend** sein.
- Die Antwort muss **treffend und verständlich formuliert** sein.

Beispiel

Question:
How did the British establishment see TV after its rebirth in 1946?

Answer:
In 1946, the British establishment did not think much of TV. (= reference to the question)

So leading politicians had their doubts about its efficiency (ll. 8/9) and did not want to appear on it (l. 8). And apart from those politicians also most members of the upper classes had a low opinion of television regarding it just right to amuse the servants (ll. 10/11) (= evidence from the text)

All in all television did not play an important part in the thinking of the British establishment in 1946.

Aufgabe

44. *Answer the following questions.*

a) *Why did television get into a crisis in the mid-1980s?*

b) *How, according to the writer, will we have to deal with TV?*

c) *What does the writer think the future of television will be like?*

d) *Describe the writer's attitude towards TV as it is revealed in the text.*

8 Zusammenfassung

Zusammenfassen ist eine der wichtigsten Fertigkeiten im Unterricht wie im täglichen Leben. Dazu gehört das Anfertigen von Notizen während eines Vortrags oder einer Diskussion ebenso wie das Schreiben eines Protokolls oder die übersichtliche Aufbereitung von Lernstoff zur Vorbereitung auf eine Prüfung.
Bei dieser Fertigkeit geht es um das **Erfassen der wichtigsten Gedanken und Fakten eines mündlichen oder schriftlichen Textes und deren geordnete, konzentrierte Wiedergabe.**
Als Teil einer Textaufgabe begegnet einem die Zusammenfassung in zwei unterschiedlichen Formen. Bei der **"vollständigen Zusammenfassung"** (complete summary) wird erwartet, dass man die wesentlichen Inhalte einer Textvorlage gedanklich geordnet und verknüpft, knapp und nachvollziehbar in eigenen Worten wiedergibt. Dabei wird allgemein davon ausgegangen, dass der **Umfang der Textwiedergabe ¼ der Länge des Originaltextes** nicht überschreitet. Die Aufgabenstellungen für eine vollständige Zusammenfassung sind in der Regel eindeutig.

Beispiele

- Write/give a summary of the text.
- Sum up the main ideas of the text.

Die **"auswählende Zusammenfassung"** (selective summary) verlangt die Wiedergabe nur solcher Inhalte der Textvorlage, die zu einem in der Aufgabenstellung näher benannten Aspekt gehören. Für die schriftliche Ausführung gelten dieselben Anforderungen wie bei der vollständigen Zusammenfassung. Die **Länge der Zusammenfassung** folgt hier der allgemeinen Regel **"so knapp wie möglich und so ausführlich wie nötig".**
Der Auftrag, eine auswählende Zusammenfassung zu schreiben, wird häufig ausdrücklich benannt, kann aber auch implizit in einer allgemeinen Frage zu einem bestimmten Aspekt enthalten sein.

Beispiele

- Sum up the negative aspects of skiing presented in the text.
- Summarize the arguments for private school education the writer uses in his article.
- What, according to the writer, are the dangers of computer games?
- What economic consequences of the currency reform are pointed to in the text?

Für die grundsätzliche Fertigkeit des Zusammenfassens ist es unerheblich, ob sich die Aufgabe auf den gesamten Text oder nur einen Aspekt bezieht. Daher wird – um unnötige Wiederholungen zu vermeiden – bei der nachfolgenden Erläuterung dieser Fertigkeit auf die getrennte Behandlung beider Aufgabentypen verzichtet.

Die Aufgabe, eine Zusammenfassung zu schreiben, überprüft die Fertigkeit, sich durch kritisches Lesen das volle Verständnis eines Textes zu erschließen. Gleichzeitig weist man durch die verkürzte Textwiedergabe nach, inwieweit man fähig ist, das Wesentliche eines Textes zu erfassen, es sinnvoll zu ordnen und – gedanklich wie sprachlich verknüpft – angemessen auszudrücken.

Um den allgemeinen Anforderungen beim Schreiben einer Zusammenfassung gerecht zu werden, gilt es folgende Grundregeln zu beachten:

- **Ziel der Zusammenfassung ist es, das Wesentliche des Textes mitzuteilen.** Belege, zusätzliche Erläuterungen, Veranschaulichungen, Beispiele und **unwesentliche Einzelheiten werden weggelassen.**
- **Inhaltliche Wiederholungen sind zu vermeiden.**
- Die Zusammenfassung ist ein **sachliches, objektives Schreiben.** Ansichten des Verfassers der Zusammenfassung sind hier unangebracht.
- Die Zusammenfassung wird **in eigenen Worten ausgedrückt.** Es ist keine Aneinanderreihung von Zitaten. Übernahme von Wörtern oder Äußerungen aus dem Original sind nur erlaubt, wo es sich nicht vermeiden lässt.
- Bildliche Wendungen sollten in **direkte Sprache** übertragen werden. Die Zusammenfassung soll nicht den Stil des Originals nachahmen, sondern in klarem, sachlichem Englisch erfolgen.
- Die Darstellung ist **logisch aufgebaut sowie eindeutig und prägnant gestaltet.** Um das zu erreichen, kann im Aufbau von der Struktur des Originals abgewichen werden.

Um das Vorgehen bei einer Zusammenfassung nachvollziehbar darzustellen, sollen die einzelnen Schritte am nachfolgenden Beispieltext veranschaulicht werden.

Beispiel

Why we must make a meal of family life again[16]

Children learn their manners and values at the table, says Matthew Fort who believes the nation's moral decline began in 1962 when TV dinners started taking the place of formal dining.

The family started falling to pieces in 1962. That was the year Batchelors launched the Vesta range of Ambient Ready meals, the descendants of which now cram fridges and freezers all over the country.

It could be argued that the decline set in much earlier, in 1936, with the first broadcast of high-definition television, but it wasn't until food technology delivered the convenience of eating in front of the flickering screen that families abandoned the habit of eating together before or after the chosen programme, and began eating through it.

It didn't happen right away. The ritual of fitting TV viewing around mealtimes survived almost to the end of the Sixties, but then the lure of the small screen became too much. Even the possibility of squeezing mealtimes around programmes became too demanding. We did not want eating to interfere with viewing. Bird's Eye was the first company in the UK to spot this fundamental social change, and in 1969 produced the UK's first TV dinner, roast beef.

'Once a week is quite enough to dine with one's relations,' remarks Algy in *The Importance of Being Ernest*. The trouble is, these days, most people don't even do it once a week. A recent survey of 1,000 schoolchildren revealed that one in three had not sat down to a meal with his or her family in the preceding week.

Of course, there are not that many families left any more. Only 25 per cent of households consist of the classic couple with 2.4 children, a decline of 13 per cent since 1971. By the year 2000 there will be even fewer.

There seems to be a consensus that we are in the middle of a moral and social crisis – delinquent children, irresponsible parents, rising crime, schools that make our prisons look like models of good order, tacitly-accepted bribery of politicians, business incompetence being richly rewarded, the lack of personal responsibility among politicians or commercial leaders and so on.

There seems also to be a growing belief that these ills may, in part at any rate, be blamed on the decline of the family as a social unit. Parents, so the arguments goes, no longer accept responsibility for disciplining their children, and children no longer look to the family as the source of their moral or social values. In other words, there is no transfer of the experience and values of one generation to the next. Each generation now seems to be marking them up as it goes along.

16 The Observer, November 10, 1996

We all agree that it was not always like this, so how did previous generations grow up with a sense of right and wrong and of responsibility to a community? The answer lies in that pre-TV dinner age when families sat down together to eat.

This ritual provides a forum for family communication that no other daily activity offers. You may not like your parents or siblings much. You may even hate them. The cooking in the house may be atrocious, but what other formal situation is there other than breakfast, lunch, tea or supper that provides the opportunity to express your sentiments and for others to express theirs? Even total silence in such circumstances becomes a form of communication.

For the majority of families, the dining or kitchen table was the debating chamber. The activities of cutting, chewing and passing the salt or gravy imposed a structure of civilised constraint. Manners, indeed, made the man and the woman.

The British have always had a passion for segregating children and adults. Social dynamics are carefully ordered so that the two worlds should not collide. But children were expected to be around adults at least some of the time – seen if not heard. Now they are neither.

The pressures many of us labour under, the hours we have to work to fulfil our contracts or maintain our standards of living, and the financial imperative for many that both parents work – all these mean it is often impossible to spend much time with our children, no matter how much we might wish to. The scrabble for economic supremacy takes its personal and social toll.

Whatever the reasons, it is worth considering some statistics. Since 1971, two years after we began to find the lure of the TV dinner irresistible, the rate of divorce has increased sixfold, the number of single parents has tripled and more than 25 per cent of households consist of a single person living alone.

These statistics are not matched by any other country in Europe. Italy, France, Germany, Spain and Portugal may have their problems, but the cohesion of their societies is not among them. And all these countries have a respect for the ritual of eating together.

They also care about exactly what they eat together. There seems to be incomprehension among Government Ministers and civil servants as to why Europeans should make such a fuss about our beef. No doubt much of the resistance is political, but there is a genuine revulsion against what is seen to be tainted food.

The sense of family responsibility is much harder to manifest when you don't care what has gone in to what you serve them. We rely on the food manufacturer or retailer to take that responsibility for us, in much the same way that we rely on state organisations, schools and institutions to act on our behalf. All have a spectacularly bad record for acting responsibly and altruistically. They have their own agendas and they are different from ours.

The symbolism of the Last Supper and the act of communion is lost on our supposedly God-fearing politicians. In spite of the proven beneficial effects of good diet on the nation's health, food comes far down their – and, to be fair, our – list of priorities. While the Department of Health has set dietary targets for the nation as a whole, successive Secretaries of State of Education have gradually removed cookery from the mainstream curriculum, tucking it away as an alternative choice in some obscure corner of the technology syllabus.

Can you imagine the French or Italians creating cookery as a marginal subject? Indeed the French government has become concerned that the average French family now only spends 80 minutes over a meal as opposed to two-and-a-half hours in 1965, and has already started corrective action with TV advertising and programmes in schools to remind youngsters of their culinary heritage.

On Friday, had your child been at the Lycée Francais in London, he or she would have had a choice of three starters – potato salad, *bouche à la reine* or cucumber salad; followed by either cod or leg of lamb roasted rare with endive *au gratin* and flageolet beans; finishing with *creme à la vanille* and a choice of fruit. And they would have had hour to eat it. Would any British school place so much importance on a meal or give it so much time?

Our children learn to eat from the same place as they learn their manners and their values – their families. And these days most of them are fed rubbish at whatever hour is convenient for them or for their parents.

It will not be squeezed between *Gladiators* and *Blind Date*. It will be taken out of the freezer during the commercial breaks, hurled into the microwave, fetched out during the next break, then gulped down without thought, and more important, without any exchange.

We eat in haste, and we repeat it in our leisure.

Um einen ersten Gesamteindruck von dem Text zu erhalten, liest man ihn in einem Zug durch. Da es beim **ersten Lesen** nur um **das grobe Erfassen von Inhalt und Aufbau** geht, sollte man den Lesevorgang nicht durch das Nachschlagen unbekannter Wörter im Dictionary oder durch das Klären von Einzelheiten unterbrechen. Ziel dieses ersten Durchlesens ist es, herauszufinden, um was es in dem Text geht und welche Absicht der Autor damit verfolgen könnte.
Die Antworten zu diesen beiden Fragen notiert man sich, denn sie bilden die Grundlage für den Einleitungssatz der späteren Zusammenfassung.

Beispiele

a) The text is about the habit of eating in haste while watching TV, which has become quite usual especially in Britain.
b) The author wants the people to give up this bad habit and to return to the old type of family meal.

Diese Antworten haben hier, nach dem ersten Lesen, noch vorläufigen Charakter und müssen im Verlauf der weiteren Textarbeit eventuellen neuen Erkenntnissen angepasst werden.

Aufgabe

45. *Read through several texts of an English or American magazine or of your textbook and write down what each text is about and what it is aiming at.*

Nachdem man Thema und Zweck eines Textes erfasst hat, geht es beim **zweiten Lesen** um **die genaue Erschließung des Inhalts.** Denn um einen Text korrekt zusammenfassen zu können, muss man ihn in allen Punkten verstanden haben. Die Bedeutung unbekannter Wörter versucht man dabei zuerst aus dem Kontext heraus zu erschließen. Gelingt dies nicht, greift man zu einem Dictionary. Die gefundenen Wortbedeutungen überprüft man anschließend am Text und beugt so einem Missverstehen vor.

Aufgabe

46. *Try to guess the meaning of each of the following words from its context.*
a) abandoned (l. 6)
b) atrocious (l. 38)
c) scrabble (l. 52)
d) tucking away (l. 77)
e) marginal (l. 79)

47. *Find out the meaning each of the following words has in the text. Use a dictionary to check.*
a) constraint (l. 44)
b) toll (l. 53)
c) tainted (l. 65)
d) altruistically (l. 70)
e) syllabus (l. 78)

Nachdem man den Text erschlossen hat, geht es beim **dritten Lesen** darum, die **wesentlichen Inhalte** des Textes herauszufinden. Dazu muss man jeweils die Funktion, die eine Aussage in dem Text erfüllt, feststellen. Dient eine Aussage lediglich dazu, eine Begründung zu belegen oder zu veranschaulichen, dann kann man sie für die Zusammenfassung vernachlässigen. Handelt es sich jedoch um eine These oder um die Begründung einer These, so ist sie in die Auswahl der möglichen Kernaussagen aufzunehmen.

Beispiele

(ll. 22/23) ... we are in the middle of a moral and social crisis – (thesis = relevant)

(ll. 23–26) ... delinquent children, irresponsible parents, rising crime, schools that make our prisons look like models of good order, tacitly accepted bribery of politicians, business incompetence being richly awarded, the lack of personal responsibility among politicians or commercial leaders and so on. (examples = irrelevant)

Aufgabe

48. *Find out the function each of the following quotations has got in the text. (e. g. thesis, reason, supporting facts, illustrating examples, emphatic repetition)*

a) Only 25 per cent of households consist of the classic couple with 2.4 children, a decline of 13 per cent since 1971. (ll. 19–21)

b) This ritual provides a forum for family communication that no other daily activity offers. (ll. 36/37)

c) The scrabble for economic supremacy takes its personal and social toll. (ll. 52/53)

d) And all these countries have a respect for the ritual of eating together. (ll. 60/61)

e) The symbolism of the Last Supper and the act of communion is lost in our supposedly God-fearing politicians. (ll. 72/73)

f) Can you imagine the French or Italians treating cookery as a marginal subject? (l. 79)

Bei der Suche nach den wesentlichen Inhalten eines Textes spielt nicht nur die Redefunktion, die eine Aussage in dem Text hat, eine Rolle, sondern auch der inhaltliche Beitrag, den diese Aussage zum Thema leistet, also ihre Relevanz hinsichtlich des Themas. Stellt die Aussage einen unverzichtbaren Teil der Auseinandersetzung mit dem Thema dar – ist also keine Abschweifung oder inhaltliche Wiederholung –, so handelt es sich um eine Kernaussage.
Kernaussagen werden im Text unterstrichen und dann wird noch einmal jeweils im Vergleich mit den anderen Kernaussagen ihre **Relevanz zum Thema überprüft,** also ob es sich bei der betreffenden Aussage tatsächlich um einen für das Thema wichtigen und unverzichtbaren Inhalt handelt.

Um nun den gedanklichen Aufbau bzw. die Argumentationsstruktur des Textes zu erfassen, untersucht man, in welchem Verhältnis die einzelnen Kernaussagen zueinander stehen. Dazu wird geprüft, wie der Autor seine einzelnen Sinnabschnitte miteinander verknüpft hat und vorhandene **Verknüpfungspartikel werden im Text markiert.** Leider verzichten Autoren jedoch häufig darauf, gedankliche Zusammenhänge auch sprachlich auszudrücken, und man muss den Zusammenhang zweier Kernaussagen aus ihrem Inhalt selbst erschließen.

Beispiel

- We did not want eating to interfere with viewing. (l. 12)
  → consequence (as a result)
- ... these days most people don't even do it [dine with their families] once a week. (ll. 16/17)

Aufgabe

49. *Read the following pairs of statements from the text and find out how the ideas expressed by them are related to each other. For each pair write down a linking expression that matches their relationship.*

a) – *We are in the middle of a moral and social crisis. (ll. 22/23)*
– *... the decline of the family as a social unit. (l. 28)*

b) – *Families abandoned the habit of eating together before or after the chosen programme and began eating through it. (ll. 6–8)*
– *There is no transfer of the experience and values of one generation to the next. (ll. 31/32)*

c) – *They also care about exactly what they eat together. (l. 62)*
– *We rely on the food manufacturer or retailer to take that responsibility for us, ... (ll. 67/68)*

Hat man sich den gedanklichen Aufbau des Textes auf die oben genannte Weise erarbeitet, erstellt man eine **Liste der Kernaussagen.** Hierbei versucht man bereits, die Kernaussagen möglichst knapp und in eigene Worte zu fassen. Gleichzeitig – oder in einem eigenen Arbeitsgang – **bringt man die Kernaussagen in eine sinnvolle Reihenfolge** und signalisiert ihren gedanklichen Zusammenhang durch geeignete Verknüpfungspartikel.

Beispiel

- no such problems in other European countries
- <u>because</u>
- they have a respect for the ritual of eating together
- further
  they care about their food
- whereas
- the British leave it to food companies, government ... to take care

Aufgabe

50. *Make a list of the essential points of the Text "Why we must make a meal of family life again". Use your own words as far as it seems sensible.*

Mit der Liste der Kernaussagen als Vorlage kann man dann einen **Entwurf der Textzusammenfassung schreiben.** Dabei bilden die Antworten zu den beiden nach dem ersten Lesen gestellten Fragen (Thema des Textes?/Absicht des Autors?) die Einleitung.

Beispiel

With this article about the habit of eating while watching TV the writer wants to persuade the British to give up this bad habit and to return to the old type of family meal.

Anschließend gestaltet man die geordnete Liste der wesentlichen Inhalte zu einem geschlossenen Text.

Beispiel

According to the author Britain is in a moral and social crisis, because the family as a social unit is falling apart. This process started when the families no longer wanted to place their meal before or after programmes, because that became too difficult for them. So they began this habit of eating and viewing at the same time. They were encouraged to do so by food companies that produced special TV dinners, because they had noticed that change of eating habits in Britain.

As a result of giving up the ritual of family meal and adopting the habit of eating through the chosen programme the family has lost an important forum for talking with each other and for exchanging ideas about life, which cannot be replaced by any other daily activity.

> In addition to that people have to work harder and more hours to improve or at least to keep up their standard of living, and so there is not much time left, which the parents can spend with their children.
>
> The lack of communication during meals as well as the increasing work pressure are the reasons why it is no longer possible for the parents to pass down their experiences and the basic rules of conduct to their children. Consequently the rate of divorce is increasing as well as the number of single parents.
>
> And the writer blames it on the fact that the British have made eating through TV programmes a habit ...

Aufgabe

51. *Use your list of essential ideas and complete the draft of the summary (example above).*

Bevor man die endgültige Textzusammenfassung schreibt, prüft man seinen Entwurf hinsichtlich der sprachlichen Richtigkeit und des Umfangs. Während sich dabei sprachliche Fehler oder mangelnde Geschlossenheit der Darstellung leicht korrigieren lassen, stellt ein zu großer Umfang häufig ein Problem dar.
Um dieses Problem zu lösen, bieten sich mehrere Möglichkeiten an. Die wirkungsvollste davon ist die Kürzung im inhaltlichen Bereich. Man untersucht den Entwurf also daraufhin, ob sich noch eine Aussage ganz oder zum Teil streichen lässt, ohne dass der Informationswert oder der gedankliche Zusammenhang dadurch wesentlich beeinträchtigt wird.

Beispiel

> They were encouraged to do so by food companies that produced special TV dinners, because they had noticed that change of eating habits.

Hier kann auf den unterstrichenen Nebensatz verzichtet werden, ohne dass dadurch die Textzusammenfassung als Ganzes darunter leidet.
Meist wird jedoch bereits bei den Vorarbeiten zum Entwurf alles Nebensächliche gestrichen und so sind inhaltliche Kürzungen oft nicht möglich. Dann muss die Reduzierung der Wortzahl durch Verdichtung der sprachlichen Ausführung erreicht werden. Man muss also versuchen, den gleichen Inhalt mit weniger Wörtern auszudrücken.

Eine **Verringerung der Wortzahl** lässt sich oft erreichen, indem man
- **überflüssige Wörter streicht,**
  (... exchanging ideas about life → exchanging ideas)
- mehrere sinnverwandte Ausdrücke durch einen gemeinsamen **Oberbegriff** ersetzt,
  (state organisation, schools and public institutions → authorities)
- **Nebensätze** durch ein Wort, einen Infinitiv, ein Partizip oder eine ing-Form **verkürzt oder ganz ersetzt.**
  (forum, which cannot be replaced by any other daily activity → irreplacable forum)
  (time left, which the parents can spend with their children. → time left to be spent with the children.)

Aufgabe

52. *Try to condense each of the following sentences. Make use of the hints given in the box above.*
   a) *This process started when families no longer wanted to place their meal before or after programmes, because that became too difficult.*
   b) *So they began eating while they still were watching TV.*
   c) *Consequently the rate of divorce is increasing and so is the number of single parents.*
   d) *So British people go on heating their ready-to-serve meal, which is insubstantial, in the microwave during a commercial break and gulp it down without thinking while they are watching their chosen programme.*

53. *Make use of your findings so far and write the final version of the summary of "Why we must make a meal of family life again" in not more than 400 words.*

Nach der **Korrektur des Entwurfs** im Hinblick **auf Umfang, Aufbau und sprachliche Richtigkeit** dürfte es nicht mehr schwer fallen, sich bei der **Formulierung der endgültigen Zusammenfassung** ganz auf den Stil und den sprachlichen Ausdruck zu konzentrieren, um so den Anforderungen, z. B. im Rahmen einer Textaufgabe, im Bereich Sprache und Ausdruck in möglichst hohem Maße gerecht zu werden.

Methodische Hinweise zur Textzusammenfassung

1. Lesen Sie den Text zügig durch, um einen **allgemeinen Eindruck** von dem Text zu gewinnen.
2. Versuchen Sie, das **Thema sowie die Absicht des Autors** herauszufinden. (Hilfsfragen: Worum geht es in dem Text? Was will der Autor mit dem Text erreichen?)
3. Lesen Sie den Text ein zweites Mal – dieses Mal langsam und sorgfältig –, um die **genaue Bedeutung der einzelnen Aussagen** zu erfassen. (Versuchen Sie dabei, unbekannte Wörter aus dem Kontext zu erschließen. Wo Ihnen das nicht gelingt, benutzen Sie ein einsprachiges Wörterbuch.)
4. **Identifizieren und unterstreichen Sie** beim dritten Lesen **die Kernaussagen** des Textes sowie die Verknüpfungspartikel, die ein neues Argument, eine Veränderung im Gedankengang oder einen logischen Schritt signalisieren.
5. Überprüfen Sie die gefundenen Kernaussagen hinsichtlich ihrer Beziehung zum Thema und fertigen Sie eine **Liste dieser Kernaussagen** zusammen mit den wichtigsten Verknüpfungspartikeln an. Formulieren Sie hierbei die Kernaussagen möglichst mit eigenen Worten.
6. **Ordnen Sie diese Liste** nach einem folgerichtigen Prinzip (z. B. chronologisch, vom Unwichtigeren zum Wichtigen, vom Besonderen zum Allgemeinen, nach Für und Wider) und **ergänzen Sie fehlende Verknüpfungspartikel.**
7. Schreiben Sie einen **Entwurf Ihrer Zusammenfassung.** Versuchen Sie dabei, einzelne Aussagen mittels Konjunktionen anderen Aussagen in Nebensätzen unterzuordnen oder nebengeordnet zu verknüpfen. Orientieren Sie sich bei Ihrem Entwurf nur an Ihrer Liste und vermeiden Sie wörtliche Übernahmen aus dem Original.
8. Bevor Sie die Endfassung schreiben, **überprüfen Sie Ihren Entwurf hinsichtlich seiner Länge** (z. B. sind noch Streichungen, Kürzungen oder Straffungen möglich oder nötig?), **seiner sprachlichen Richtigkeit sowie seiner gedanklichen und sprachlichen Geschlossenheit.**

Aufgabe

54. *Write a summary of the following text in not more than 170 words.*

The Bureaucratic Syndrome[17]

Organization, with its power and, all too often, its weakness, is a central feature of modern life; the bringing together of individuals in a hierarchical structure of command and cooperation in pursuit of a common purpose is indispensable to the effective operation of every aspect of contemporary existence. In the government there is the large public agency; in the private sector, the great corporation.

Both public and private organizations are subject to a measure of critical scrutiny and comment. The public agency is regularly condemned as a "bureaucracy", the word having a markedly negative overtone; faithful, intelligent and essential civil servants are often denigrated as "bureaucrats". The terms are also used, if not aggressively, to characterize the less-than-effective administrative apparatus of the large corporate enterprise. The good society must recognize and contend with what has become a bureaucratic syndrome in both the public and private sectors. Its basic flaws are two, each of which has a life of shadowed recognition.

The first and most evidently adverse tendency of organization, large organization in particular, is that discipline is substituted for thought. Discipline is inescapable; there must be acceptance and willing pursuit of a common goal, for it is this that makes organization effective, even possible. The individual who conforms fully is commended in highly relevant metaphor as "a good soldier". At the same time there is no doubt that creative thought is suppressed and often replaced by the disciplinary process. The man or woman of independent view – who identifies weakness or error and sees or foresees the need for change – may well be considered uncooperative, irresponsible, eccentric. In a favored government expression, he or she "is not useful". In all organization there is always this basic conflict: on the one hand, the very practical need for cooperative acceptance of the established procedures and purposes; on the other, the need to question those procedures and purposes as error or events call for change. And also the ability and the will to urge and effect such change.

This conflict, as just observed, is common to both the public and the private sectors. In the case of the government department or other public agency,

17 Galbraith, John Kenneth: The Good Society, Sinclair-Stevenson, London 1996

the static tendency of organization is well recognized. The everyday reference to bureaucracy and to bureaucrats generally reflects a negative attitude toward the public service being rendered, including its politically disagreeable effect or cost for those so speaking. But it can also describe obsolete, irrelevant or incompetent action. It is the task of the good society to distinguish between the two.

This is especially the case as regards foreign policy, a matter to be discussed in the next chapter. In the United States the Department of State and to some degree also the Central Intelligence Agency and the Pentagon administer not legislation, not services, not public programs, but policy. That, in turn, invites and requires belief. Belief is essential; without it, the conduct of the policy would be impossible. But although controlling circumstances change, belief, once established, does not. The militarization of American foreign policy in the 1950s led in later decades to such disastrous misadventures as the U-2 over the Soviet Union, the Bay of Pigs, the paranoia about Communism in Central America (and Cuba) and the Vietnam war, all testaments to the inherent rigidity of administered belief.

In the modern great business enterprise the bureaucratic syndrome also has its readily identifiable presence. A comfortable and disciplined culture resting often on past success takes the place of innovation and change. In the United States the steel, automobile, computer, airline and retailing industries have all provided formidable examples of this tendency in recent years. Other countries have similar cases. Unlike public organization, however, the private enterprise can be subject to the shock effect of eventual financial trauma. It can fail and go out of business, be taken over by another, more successful firm or be forced by external financial threat into self-reform. Bureaucratic stasis is, however, an omnipresent fact in the great private, as in the great public, organization.

9 Brief

Wie das Schreiben einer Textzusammenfassung ist auch das Verfassen von Briefen (letters) eine wichtige Fertigkeit, die daher im Englischunterricht entsprechend berücksichtigt wird.
Ausgehend von der Schreibsituation (= Anlass des Schreibens, Verhältnis des Schreibers zum Adressaten) unterscheidet man zwei Arten von Briefen: einmal die **informellen Briefe** (informal letters) und zum anderen die **formellen Schreiben** (formal letters). Vor dem Schreiben eines Briefes muss man entscheiden, zu welcher dieser beiden Kategorien der Brief gehört, denn beide Arten von Briefen unterscheiden sich erheblich in Lay-out, Stil, Wortwahl und Ton.

Aufgabe

55. *Read the following extracts from letters and decide upon the formality of each.*

a) In either case, what is the purpose of presenting such a false impression?
b) I think that's a great idea; there's nothing like being your own boss.
c) This isn't a very exciting place, but there is plenty of swimming and walking.
d) I am not sure that refusing to pay taxes will have any beneficial effect.
e) It was a complete change for me and it has done me the world of good to get away for a few days.
f) I do hope you will be able to send me a favourable reply and I look forward to hearing from you in due course.
g) I have every sympathy for the plight of Mr Brown's friend.

9.1 Informelle Schreiben

Zu den informellen Schreiben (informal letters) gehören vor allem die **privaten Briefe** (personal letters), also Briefe an Adressaten, zu denen der Verfasser eine persönliche Beziehung hat. Meist sind auch der Schreibanlass und damit der Inhalt des Schreibens privater Natur.

Beispiele

- "Thank you" letters
- letters to wish "good luck"
- apologies
- "get well" messages
- letters of sympathy

Im Englischunterricht und vor allem bei Prüfungen ist die Schreibsituation so ausgewählt, dass der Brief in englischer Sprache zu erfolgen hat.

Beispiele

- Write a letter to a pen-friend in which you dispel reservations about a united Europe.
- A student in the USA wants to go to university in Germany. Write a personal letter giving your advice.

Mit der Benennung des Adressaten als Brieffreund, Freund oder guten Bekannten wird auch die Art des Briefes als informelles Schreiben vorgegeben. Mit dieser Textsorte sind ganz bestimmte Anforderungen hinsichtlich der sprachlichen Ausführung und der äußeren Form verbunden, die es einzuhalten gilt. Die sprachliche Ausführung wird dabei wenig Schwierigkeiten bereiten, da man sich so ausdrücken sollte, wie man mit einem Freund reden würde. Man verwendet also Wörter, die einem vertraut sind, einfache Sätze und gibt sich im Ton natürlich und locker. Dennoch sollte man versuchen, seine Gedanken in eine folgerichtige Ordnung zu bringen und sie klar verständlich auszudrücken.
Bei der Gestaltung der äußeren Form des Briefes gilt es jedoch einige verbindliche Regeln zu beachten.

10 E. South Street Wilkes Barre PA 18701 USA	← Adresse des Absenders
13th July, 1998	← Datum
Dear Lucille,	← Anrede
Just a quick note to let you know we all remember and think about you.	← Einleitungssatz
Hope you still enjoying yourself out there and we are all looking forward to seeing you when you come over for a holiday in October.	← Hauptteil
....	
Things are quite hectic in the run up to the end of the term, so I will keep this note short and write you a long letter in August.	
Hope all is fine on your end.	← Schluss-Satz
Yours,	← Grußwendung
Gene	← Unterschrift

Bei privaten Schreiben ist es im Gegensatz zu förmlich gehaltenen Briefen nicht üblich, die Anschrift des Empfängers an den Anfang des Briefes zu setzen. So beginnt man den Brief mit der Anschrift des Absenders rechts oben in der Reihenfolge: Hausnummer – Straße – Ort – Grafschaft/Bundesstaat – Postleitzahl (postal code/zip code). Will man seine Telefonnummer angeben, so steht sie zwischen Anschrift und Datum.

Für das **Datum** sind folgende Schreibweisen üblich: 13th July, 1998 / July 13th, 1998 / 13 July, 1998 / July 13, 1998 / 13. 7. 98 / 13-7-98. Bei der **Jahreszahl** kann die Benennung des Jahrhunderts entfallen.

Die **Anrede** hängt ganz von dem Grad der Vertrautheit zwischen Schreiber und Empfänger des Briefes ab. Allgemein verwendet man die Bezeichnung, mit der man die jeweilige Person in einem Gespräch anreden würde und fügt den Zusatz "Dear" an: Dear Mom and Dad, Dear Eric, Dear Mr Snyder.

Der **Hauptteil** (main body), der sich trotz Komma nach der Anrede mit einem Großbuchstaben beginnend anschließt, sollte übersichtlich in Sinnabschnitte gegliedert sein. Dabei dient der erste Abschnitt als Einleitung, in der man auf den Empfänger eingeht und so die "Gesprächssituation" herstellt. Erst mit dem zweiten Abschnitt beginnt die eigentliche Behandlung des in der Aufgabenstellung geforderten Themas.
Je nach Aufgabenstellung wird das Thema in Form eines Berichts, einer Beschreibung oder einer Stellungnahme (vergl. entsprechende Aufsatzart) bearbeitet und ausgeführt.
Im letzten Abschnitt kehrt man, nach Beendigung der thematischen Ausführung, zur allgemeinen "Gesprächssituation" zurück, indem man die Hoffnung auf eine Antwort oder auf baldiges Wiedersehen zum Ausdruck bringt.

Es folgen **Grußwendung** und **Unterschrift**, wobei die Grußwendung wie schon die Anrede vom Grad der Vertrautheit zwischen Schreiber und Empfänger bestimmt wird: Love (Verwandte, enge Frende ...), Yours (Freunde, gute Bekannte ...), Yours sincerely (Bekannte).

Aufgabe

56. *Match each of the following salutations with a suitable subscription. Choose from the list: With all my love, / Yours, / Yours ever, / Best wishes, / Yours sincerely,*

a) Dear Mrs Clark,
b) Dear Mum and Dad,
c) (friend) Dear Richard,
d) Dear Uncle Alan,
e) (penfriend) Dear Anne,

Hilfreiche Wendungen für den Hauptteil eines privaten Briefes

Einleitung:
- Many thanks for your letter ...
- I was so delighted to hear from you ...
- Hope you're OK and having a good time ...
- I have been meaning to write to you for ages, but I have been so busy ...
- Do forgive me for not having written for so long ...

Grund:
- I was pleased to hear that ...
- In my last letter I promised ...
- The thing is ...
- As you know we have ...
- I hate to bother you, but ...

Schluss-Satz:
- Enjoy yourself, and please keep in touch ...
- Anyway, I must finish now, because ...
- Hope you're keeping well and that I'll see you again soon.
- So till then, take care.
- Hoping to hear from you ...

Aufgabe

57. *In order to practise your informal letter-writing skills and style write a letter to friends in which you thank them for a weekend you have just spent with them.*

9.2 Förmliche Schreiben

Förmliche Schreiben (formal letters) sind **offizielle** und **geschäftliche Briefe.** Schreibanlass und Adressat können bei förmlichen Schreiben so vielfältig sein, dass eine Aufzählung der wichtigsten Formen hier nicht möglich ist. Gemeinsam ist ihnen, dass der Adressatenkreis außerhalb der Verwandtschaft und des Bekanntenkreises liegt. Der mögliche Schreibanlass reicht von der Einladung über die Bewerbung bis hin zum Leserbrief.

Da bei formellen Schreiben der Empfänger meist nicht bekannt ist und man mit dem Schreiben ein Anliegen verbindet, ist es wichtig, dass man sich im Brief vorteilhaft präsentiert. Dabei ist es hier besonders wichtig, gewisse Konventionen zu beachten. So sollte der Brief in gehobenem Englisch verfasst werden. Es verbieten sich also umgangssprachliche Wendungen, Slangausdrücke sowie Kurzformen. Der Aufbau des Briefes muss sinnvoll und nachvollziehbar sein. Und die äußere Form ist sauber und übersichtlich zu gestalten, wobei es für das Lay-out eine standardisierte Form gibt:

17 Maple Lane Burgess Hill Sussex B6 7EZ	← Anschrift des Absenders (address)
September 14 1997	← Datum (date)
Egan's House 7/9 Iona Park Dublin 9 IRELAND	← Anschrift (address)
Dear Sir or Madam,	← Anrede (salutation)
<u>Reservation of double room from 1st – 4th November 1997</u>	← Überschrift (centre heading)
Further to our telephone conversation last week, I am pleased to confirm my booking for a double room with private shower for three nights from 1st - 4th November inclusive. My husband and I will require bed, breakfast and evening meal facilities during our stay. Enclosed is a cheque for the 10% deposit.	← Hauptteil (body of letter)
Yours faithfully	← Grußwendung (subscription)
J. A. Hopkins	← Unterschrift (signature)
J. A. Hopkins (Mrs)	← Name des Absenders (designation)

Die Anschrift des Absenders steht rechts oben und zwar ohne Name. Es folgt das Datum, das in einem förmlichen Schreiben stets ausgeschrieben wird. Name und Adresse des Empfängers stehen in der nächsten Zeile und zwar am linken Rand. Wenn möglich, wird der Empfänger mit Namen angesprochen. Ist der Name

nicht bekannt, verwendet man die Anreden "Dear Sir", "Dear Madam", oder "Dear Sirs" bei einer Firma oder einer Gesellschaft. Die Überschrift ist nur bei Geschäftsbriefen notwendig. Wenn man einen Brief beantwortet sollte man im ersten Satz darauf Bezug nehmen. Die Grußwendung richtet sich nach der Anrede. Bei namentlicher Anrede schließt man mit "Yours sincerely". Ist der Adressat nicht namentlich bekannt, verabschiedet man sich mit "Yours faithfully". Die Unterschrift besteht aus den Initialen und dem Familienname, wobei Frauen "Mrs" oder "Miss" in Klammern hinzufügen, um eine korrekte Anrede im Antwortschreiben zu ermöglichen. Der Name des Absenders steht unter der Unterschrift.
Ein förmliches Schreiben sollte so kurz wie möglich – und wie es Höflichkeit und Klarheit in der Sache erlauben – gehalten sein.
Der erste Abschnitt des Briefes skizziert den Grund des Schreibens und sollte einfach und direkt formuliert sein. Der letzte Abschnitt weist auf das Handeln bzw. Verhalten hin, das der Schreiber vom Adressaten erwartet. Hier sollte man seine Erwartungen höflich, aber bestimmt zum Ausdruck bringen.

Aufgabe

58. *You are interested in doing a day-release course in electrical engineering. Write a brief letter asking for information on a course which they run.*

Im Englischunterricht der gymnasialen Oberstufe kommen vor allem zwei Arten des förmlichen Schreibens vor: das **Bewerbungsschreiben** (letter of application) und der **Leserbrief** (letter to the editor).

Das **Bewerbungsschreiben** ist an eine konkrete Situation gebunden und wird sich daher von Fall zu Fall unterscheiden. Dennoch gibt es gewisse Grundregeln, die dabei zu beachten sind.
So sollte jedes Bewerbungsschreiben folgende Abschnitte enthalten:

- **Bezugnahme auf das Stellenangebot** (Nennung der Zeitung sowie des Erscheinungsdatums),
- **Informationen über den Bewerber** (persönliche Daten, die hinsichtlich der angebotenen Stelle und für den zukünftigen Arbeitgeber wichtig sind),
- **Begründung für die Bewerbung** (persönliches Interesse und besondere Eignung),
- **Schluss** (nochmalige Betonung des Interesses am Angebot, eventuell Angabe von Personen, die weitere Auskünfte über den Bewerber geben können, und Bereitschaftserklärung zu persönlichem Vorstellungsgespräch).

Lay-out sowie Anrede- und Schlussformeln entsprechen den allgemeinen Regeln für das förmliche Schreiben.
Bevor man den Brief in seiner endgültigen Fassung schreibt, sind einige Vorbereitungen ratsam:

1. Analysieren Sie sorgfältig das Angebot.
2. Stellen Sie die wesentlichen persönlichen Informationen über sich selbst zusammen.
3. Planen Sie Ihre Präsentation.

In einem **ersten Schritt** unterstreichen Sie alle Aussagen über Erwartungen und Qualifikationen, die in dem Stellenangebot ausdrücklich erwünscht sind, und notieren sich in Stichpunkten zusätzlich, welche weiteren Voraussetzungen der Arbeitgeber vom Bewerber wohl erwarten könnte.

Aufgabe

59. *Analyse the following advertisement and make a list of the requirements of the job advertised.*

Akron Insurance

With 17 offices in the Southern region we are one of the largest regional insurance companies. Our excellent reputation for a quality customer service has enabled us to expand rapidly which is why we are now seeking to increase our staff.

Claims Clerk

You will be handling a variety of claims and the attendant paperwork. This position calls for an excellent telephone manner as you will be expected to offer customers a prompt, efficient service. Good writing skills will also be required, since you will be involved in preparing reports and writing letters. As there will be little supervision, preference will be given to experienced claims clerks.

Akron Insurance Comppany,
47 Riverside Avenue,
Akron, P.A. 1711

Im **zweiten Schritt** stellen Sie eine Liste der wichtigen Fakten (Daten über Leben, Ausbildung etc.) und persönlichen Informationen (Fähigkeiten, Fertigkeiten, Interessen, Erfahrungen etc.) über sich selbst zusammen.
Da bei einer Textaufgabe die Schreibsituation fingiert ist, können Sie dieses Persönlichkeitsprofil frei entwerfen. Sie sollten sich dabei jedoch in einem realistischen Rahmen bewegen und sich an der vorgegebenen Situation orientieren.
Vergleichen Sie anschließend Ihre Ergebnisse (2) mit den Anforderungen (1) und treffen Sie eine möglichst günstige Auswahl.
Nachdem Sie auf diese Weise herausgefunden haben, was Sie für die angebotene Stelle qualifiziert, sollten Sie sich die Punkte vor Augen führen (3), die bei einem Bewerbungsschreiben noch zusätzlich die Entscheidung bzw. Bewertung beeinflussen:

- saubere und übersichtliche Form,
- sichere Rechtschreibung und Zeichensetzung,
- treffende inhaltliche Auswahl,
- angemessen in Wortwahl und Stil,
- klare und präzise Ausdrucksweise,
- überzeugend im Ton.

Im wirklichen Alltag würden dem Schreiben noch Zeugniskopien, ein Lebenslauf (curriculum vitae), Referenzen (statements of referees) sowie ein frankierter Rückumschlag (s. a. e. = stamped addressed envelope) beigelegt werden. Bei einer Bewerbung als Teil einer Textaufgabe werden diese Anlagen natürlich nicht beigefügt, sondern lediglich im Brief selbst erwähnt, z. B. "I enclose a curriculum vitae and a photocopy of my school leaving certificate".

Beispiel

Gardener

required for about two days a week for a one-acre garden in Chudleigh. Small orchard, vegetable plot, greenhouse and flower beds to tend. All equipment provided. Hours to suit. Excellent rates of pay, plus meals and share of produce.

Please reply to Box 47, Exeter Echo Newspaper Group, 27, Sheen Street, Exeter, Devon, CO 1 3XY

Dear Sir or Madam,

I was most interested to read your advertisement for a gardener, and I feel I could be just the person for your vacancy.

Two years ago I moved to Exeter from Torquay where I had been employed for three years as a gardener at Cockington Court. I also have a certificate in Horticultural Studies (photocopy enclosed).

Since moving to Exeter, I have been a self-employed jobbing gardener, but I now have two days a week spare as one family I have worked for has moved to Scotland.

Should you require a reference, please feel free to get in touch with Mr Dennis Hall at the local council of Torquay, City Hall, Kitley Square 3, Torquay, Devon, F 17 6UX, who will be pleased to help you.

I look forward to hearing from you soon.

Yours faithfully

Hilfreiche Wendungen für ein Bewerbungsschreiben

Bezugnahme:

- I have read your advertisement in yesterday's DAILY MAIL ...
- In reply to your advertisement in this morning's ...
- I am writing with regard to your vacancy for a ...

Informationen zur Person:

- I am 21 years old, and have worked as ... the past two years.
- I am responsible for ...
- My present duties include ...
- Although I have no formal qualifications ...
- I am familiar with many aspects of ...
- sending you my CV which outlines my ...

Schluss:

- I can assure you of my commitment to ...
- I would be grateful if you could ...
- and enclose a s. a. e. for your reply.
- I am available for interview at ...
- I should be pleased to come for a personal interview at your convenience.
- Please do not hesitate to contact me if you require any further information.

Aufgabe

60. *Read the following advertisement carefully and write a letter of application.*

> **Junior required to work in a friendly office.**
>
> Work will include filing, photocopying and general duties.
> Age 18–21. Good general education required, but no qualifications or experience necessary as full training will be given. Good starting salary with reviews every six months.
>
> Please apply to Mr Eric Warren, AIAL Company, Bridge Road, Teignmouth, Devonshire.

Vor allem in Klausuren und Prüfungen wird bei einer Textaufgabe häufig die zweite Art des förmlichen Schreibens verlangt, der Leserbrief.
Der **Leserbrief** (letter to the editor) ist ein Schreiben, in dem der Verfasser seine Meinung zu einem Artikel der angeschriebenen Zeitschrift oder zu einem Problem von öffentlichem Interesse zum Ausdruck bringt, und das darauf abzielt, veröffentlicht zu werden.

Beispiel

> The Editor
> The Daily Echo
> 1 Canada Square
> Akron, PA 1708
>
> 6 October 1997
>
> Sir,
>
> Congratulations on your excellent coverage (Oct. 3) of "The Household Hazardous Waste Disposal Day".
> It is a matter of fact that water, so essential to life, could be damaging to health even though it has passed through the most modern treatment processes. Throwing partially empty boxes, tins or bottles of toxic powders and liquids into the rubbish bin is dangerous as the chemicals can find their way into ground water from rubbish dumps.

So the collection by a commercial disposal company initiated by the movement of HHWD Day is the only safe way to get rid of those leftovers, even if those disposal operations are expensive. The alternative cost, that of unsafe drinking water, is incalculable.

May your report help to increase public awareness and participation so that less costly regional collection sites can be established.

Michael Green
164 Academy Street
Akron, PA 18702 1 3XY

Nach ihrer jeweiligen Absicht lassen sich die Leserbriefe in drei unterschiedliche Kategorien einteilen, in

- missbilligende Leserbriefe (letters of complaint), die Kritik an einem Artikel der betreffenden Zeitschrift üben oder einen öffentlichen Missstand anprangern,
- zustimmende Leserbriefe (letters of support), die einen Artikel in Aussage oder Darstellung loben und in
- Leserbriefe, die persönliche Ansichten als Beiträge zu einer öffentlich geführten Diskussion beinhalten.

Aufgaben

61. *Read the letter above and find out in what way its layout differs from that of an ordinary formal letter.*

62. *Read the following letters to the editor and find out which kind each of them belongs to.*
Text A

Sir,

In your article (Sept., 8) you painted a truthful picture of Latin America, but you failed to highlight the problems of drugs.
Today drugs are the main cause of corruption in Latin America, and it is corruption that keeps these countries so underdeveloped and unstable.
To eradicate this silent enemy should be the prime concern of governments.

Louis Mendoza
Los Angeles

Text B

Sir,

You accomplish a laudible educational service to your readers with your story "Civilization in Iceman's Days".

As scientists whose life's work is to understand human history, we appreciate the care with which you describe the importance of the material remains of past cultures and your concern for the irreparable harm that can accompany the selfish scavenging of archaeological sites.

Bren Cole, President
Society for British Archaeology
London

Text C

Sir,

High-school-age kids should be having the best time of their young lives. But too many are having lives taken from them. It is really sad for me, an American overseas, to learn that these young people have guns in school. For schools are a place for learning, not for killing.

So let us all do everything we can to stop this before it is too late.

Evelyn Michels

Steinebach, Germany

Für den Aufbau eines Leserbriefes bieten sich folgende Grundmuster an:

- Bezugnahme, Meinungsäußerung, Begründung, Schlussfolgerung
- Bezugnahme, Zustimmung, Gründe, Schlussbemerkung zur Verstärkung der geäußerten Haltung
- Bezugnahme, Kritik oder Klage, Veranschaulichung, Belege, die die Berechtigung der Kritik beweisen, eventuell Vorschlag zur Lösung des Problems

Ein Leserbrief ist grundsätzlich zur Veröffentlichung bestimmt und hat daher gewisse Merkmale, die die Chancen einer Veröffentlichung günstig beeinflussen. So sollte er stets

- sich auf einen Artikel oder ein bestimmtes aktuelles Thema beziehen,
- übersichtlich aufgebaut sein,
- klar und folgerichtig argumentieren,
- kurz und bündig sein.

Auch wenn ein Leserbrief bei einer Textaufgabe nicht tatsächlich veröffentlicht werden soll, spielen bei seiner Beurteilung diese Merkmale dennoch eine Rolle.

Aufgabe

63. *Read the following letter and answer the questions.*

> Sir,
>
> While I am no Luddite and really appreciate the blessings of technology, I would like to draw your readers' attention to one horrible thought that has been tormenting me for some time. *Who is there to supervise those forgers of our technological society?*
>
> Scientists nowadays are too fragmented in their studies and they do not know how to think in universal terms, because over the years each individual scientist has learned more and more about less and less. And it is left to technology to bridge the specialization of science and to do our thinking for us. We are almost blindly devoted to finding the one best way to do every conceivable task, and technology offers such attractive ways to do everything so that we cannot think of alternatives. Our minds have become polluted by the siren thoughts of hedonistic life that technology promises.
>
> Pollution is only one payoff for our bad thinking, and I wonder what else will be in store for us.
>
> To me we must immediately start thinking in universal terms again before it is too late, and here education is called for.
>
> Ingòlfur Sveinsson
> Reykjavik, Iceland

a) *Sketch briefly how the text is structured.*
b) *Which statement in the second paragraph really forms the basis for the whole argument?*
c) *Which phrases in the first paragraph show that the writer anticipates criticism of his views?*
d) *Although the tone of the letter may appear reasonable, the writer seeks to influence readers by his use of emotionally charged expressions. Find two examples.*
e) *How does the writer try to make the readers concerned about his problem?*

Ein guter Weg, die unterschiedlichen Techniken und Möglichkeiten der effektiven Gestaltung eines Leserbriefes kennenzulernen, ist es, möglichst viele Beispiele kritisch zu analysieren.
Suchen Sie sich, wann immer Sie Gelegenheit haben, in englischen oder amerikanischen Zeitungen bzw. Zeitschriften Leserbriefe heraus und stellen Sie fest, wie die Argumente aufgebaut sind, wie das Interesse oder die Sympathie des Lesers gewonnen wird, mit welchen Mitteln versucht wird, den Leser zu beeinflussen etc. Achten Sie dabei nicht nur auf rhetorische Tricks, sondern auch auf die Wortwahl und die Gestaltung des Satzbaus.
Auf diese Weise lernt man die Vielfalt der Gestaltungsmöglichkeiten kennen und kann dann bei eigenen Schreibversuchen Gebrauch davon machen.

Hilfreiche Wendungen für einen Leserbrief

Neutrale Einleitungen:
- With reference to your article (Dec. 11) about ...
- With great interest I read your article in ...
- I wish to draw your readers' attention to ...

Einleitungen, die Zustimmung ausdrücken:
- I enjoyed reading your article about ...
- Congratulations on your report about ...
- I wish to express my appreciation for the article ...
- I do agree with your report ...

Einleitungen, die Missbilligung ausdrücken:
- As a student of ... I strongly object to your review of ...
- After reading your feature "..." (Feb. 21) I was worried about ...
- The report on ... (Aug. 3) is wrong in the following aspects ...

Einbringen neuer Gedanken:
- In addition to that ...
- According to my knowledge ...
- Further, it seems to me ...

Einleitung des Abschlusses:
- After thorough consideration of all facts ...
- The result of this ...
- That is why ...
- All in all ...
- To sum up ...

Aufgabe

64. *Write a letter to the editor expressing your opinion on the article "Why we must make a meal of family life again" (pp. 61–63).*

10 Aufsätze schreiben

Die höchste und letzte Stufe der Überprüfung der Schreibfertigkeit im Englischunterricht ist das Schreiben von Aufsätzen (compositon writing). Dabei entsprechen die unterschiedlichen Aufsatzarten nur ungefähr den aus dem Deutschunterricht bekannten Formen. Im Gegensatz zum Deutschunterricht erfahren Aufbau, Darstellung und sprachliche Gestaltung bei der Beurteilung der Aufsätze eine deutlich stärkere Gewichtung als der Inhalt.

Diese Unterschiede zusammen mit der im Englischen wesentlich lockerer gehandhabten Einteilung und Benennung der einzelnen Aufsatzarten machen es unumgänglich, dass man sich bei der Bearbeitung eines Aufsatzthemas vor allem an der Aufgabenstellung orientiert. Nur aus der Aufgabenstellung lässt sich erschließen, welchen Erwartungen hinsichtlich Aufbau, Darstellung, Ausführung und Umfang der Aufsatz entsprechen soll.

Über die Erschließung der Aufgabenstellung hinaus gibt es noch weitere methodische Schritte für das Schreiben von Aufsätzen – unabhängig von Aufgabenstellung und Aufsatzart –, die sich als sinnvoll erwiesen haben.

So sollte man vor dem Schreiben des Aufsatzes Material zu dem jeweiligen Thema sammeln, dieses ordnen und anschließend einen Schreibplan entwerfen.

Für die Bearbeitung eines Aufsatzthemas empfiehlt sich also allgemein folgendes Vorgehen:

1. Genaues Erschließen von Aufgabenstellung und Thema
2. Stoffsammlung
3. Ordnen des Materials und Erstellen eines Schreibplans
4. Rohentwurf und dessen Überarbeitung
5. Schreiben der endgültigen Fassung

10.1 Erschließen von Aufgabe und Thema

Für eine korrekte Bearbeitung der Aufgabenstellung ist es notwendig, dass man eine genaue Vorstellung davon hat, was von dem Aufsatz hinsichtlich Gehalt, Darstellung und Umfang erwartet wird. Wird diese Voraussetzung missachtet, kann es zu einer Verfehlung des vorgegebenen Themas oder der verlangten Aufsatzart kommen. Um dies zu vermeiden, ist eine **genaue Analyse der Aufgabenstellung** unerlässlich.
Die Aufgabenstellung legt fest, was mit dem Thema zu machen ist und in welcher Form die Ausführung erwartet wird. Um dies aus dem jeweiligen Arbeitsauftrag zu erschließen, müssen folgende Fragen dazu beantwortet werden:
- Welche Funktion soll der Aufsatz erfüllen?
- Welches Verhältnis (= Blickwinkel und Haltung) des Verfassers zum Textgegenstand wird erwartet?

Zur Veranschaulichung dieses Ansatzes dient nachfolgende Übersicht über die im Englischunterricht allgemein gebräuchlichen Aufsatztypen.

Perspektive / Funktion	**persönlich explizit subjektiv**	**persönlich implizit subjektiv/objektiv**	**neutral objektiv**
informieren	– personal letter – personal report	– impressionistic and descriptive essay	– factual report – descriptive essay
erörtern	– letter to a friend – personal comment	– reflective essay – critical comment	– project report – discursive essay – characterization
unterhalten	– personal letter – humorous essay	– narrative essay – short story	– witty essay

Aus dieser Übersicht geht hervor, dass einige Aufsatzformen unterschiedliche Funktionen erfüllen können und auch im Verhältnis des Verfassers zum Textgegenstand nicht immer von vornherein festgelegt sind. Folglich müssen die beiden Fragen nach Funktion und Perspektive für jeden konkreten Einzelfall jeweils aus dem Arbeitsauftrag beantwortet werden.
Bei Aufgabenstellungen im Rahmen einer Textaufgabe hat sich für die Formulierung der Arbeitsaufträge eine in gewissem Maße standardisierte Terminologie

entwickelt. Es tauchen daher immer wieder dieselben oder ähnliche Wendungen auf.

Beispiele

persönlich/explizit subjektiv:
- Write a personal letter ...
- How do you personally feel about this statement?
- Do you personally think that ...

persönlich/ziemlich objektiv:
- Write a critical comment ...
- What is your opinion about ...
- How do you see it?
- Write a letter to the editor pointing out ...
- State your view.
- Do you think that ...
- Comment on ...
- How do you think ...

Bei Arbeitsaufträgen dieser beiden Gruppen wird die Darstellung der persönlichen Meinung erwartet. Während bei den Aufgaben der ersten Gruppe der Schreiber jedoch im Text sichtbar werden sollte (Verwendung der 1. Person: I, we, my, our, me, us ...), tritt er bei den Aufgaben der zweiten Gruppe deutlich in den Hintergrund.

Beispiele

unpersönlich (allgemein)/objektiv:
- Outline the ...
- How can this phenomenon be explained?
- Show how ...
- Why is it that ...

unpersönlich/dialektisch:
- Compare ... to/with ...
- Contrast ...
- Discuss.
- Discuss the pros and cons of ...
- What are arguments for and against ...

Bei diesen Anweisungen wird die Darstellung jeweils vom Textgegenstand beherrscht und sollte daher sachlich und distanziert erfolgen, wobei die Aufgaben der letzten Gruppe dialektisch angelegt sind, d. h. der Textgegenstand ist jeweils von zwei gegensätzlichen Seiten zu behandeln.

Aufgabe

65. *Read the following questions and find out what perspective and what attitude is expected in each composition.*

a) Do you consider superstitions to be silly nonsens?
b) How far is soccer hooliganism an insoluble problem?
c) Describe a well known contemporary figure.
d) Write a story based on one of the following:
   - *a failure to obey someone's instruction*
   - *a generous gift put to bad use*

e) How has the "micro-chip" revolution affected you?
f) Boys have an easier time than girls. Discuss.

Sieht man von einigen eindeutigen Arbeitsaufträgen ("discuss", "describe", "write a story" etc.) ab, so ist zur Klärung der Funktion des Aufsatzes die Einbeziehung des konkreten Themas notwendig. Daher ist eine Analyse der Aufgabenstellung auch erst zusammen mit dem genauen und vollständigen Erfassen des jeweiligen Themas abgeschlossen.
Das Thema benennt den Textgegenstand und bestimmt damit die inhaltliche Auswahl des Aufsatzes. Auch bei der Analyse des Themas ist sorgfältiges Vorgehen erforderlich, will man eine Themaverfehlung vermeiden. Dazu bestimmt man die genaue Bedeutung der Schlüsselbegriffe des jeweiligen Themas sowie deren Beziehung zueinander.

Beispiel

> The prospects for reversing the trends of the continuous decline of the global environment are not high although environmental awareness has been growing steadily through the last decades. Try to explain this phenomenon. What do you think should be done to reverse the decline of the global environment?

Die Schlüsselbegriffe sowie ihre Beziehungen zueinander lassen sich meist durch syntaktische Analyse ermitteln. Die Bedeutung der Schlüsselbegriffe erschließt man – falls notwendig – mithilfe des einsprachigen Wörterbuches. Für unser Beispiel ergibt sich dabei folgende Struktur:

– prospects for reversing	= subject
– trends of decline	= object
– are not high	= predicate
– environmental awareness ...	= adv. clause of contrast

Dieser Grundstruktur lassen sich dann die weiteren ergänzenden Bestimmungen zuordnen. So geht es bei diesem Thema also um die Aussage, dass die Aussichten für eine Umkehrung eines Trends nicht günstig sind. Diese Aussage wird eingegrenzt dadurch, dass sich der Begriff "Trend" *ausschließlich* auf den weiteren Verfall der Umwelt bezieht. Durch den zusätzlichen Nebensatz "although environmental awareness has been growing steadily through the last decades", der in Kontrast zum Hauptsatz steht, wird der Kern der Themenaussage als *Widerspruch* definiert. Schwerpunkt der Behandlung des Themas in dem Aufsatz ist also dieser Widerspruch. Wie man sich nun mit diesem Widerspruch auseinandersetzen soll, geben die weiteren Anweisungen der Aufgabenstellung vor:

- Try to explain this phenomenon.
- What do you think should be done to reverse the decline of the global environment?

In dem Aufsatz soll also dieser Widerspruch erklärt werden und es sollen Vorschläge gegeben werden, wie diese negative Entwicklung umgekehrt werden könnte. Damit haben wir nun eine klare Vorstellung darüber, was von diesem Aufsatz erwartet wird:

1. Erläuterung des Widerspruchs
   - Funktion: Erklärung
   - Perspektive: gegenstandsorientiert (objektiv)
   - Stil: sachlich

2. Vorschläge für Lösungsmöglichkeiten
   - Funktion: Meinungsäußerung
   - Perspektive: verfasserorientiert (implizit subjektiv)
   - Stil: sachlich

Der zweite Teil der Aufgabenstellung könnte missverstanden werden und bedarf daher noch einer Anmerkung. Die Einleitung des Arbeitsauftrages "What do you think ..." spricht den Verfasser direkt an und könnte bedeuten, dass die Perspektive explizit subjektiv sein soll, also der Aufsatz in der 1. Person zu schreiben sei. Da das Problem jedoch allgemeiner Natur (vgl. "global") ist und nicht in besonderer Weise die Person des Verfassers betrifft, müssen Stil und Haltung der Darstellung sachlich und neutral bleiben und der Verfasser sollte sich im Hintergrund halten.

10.2 Stoffsammlung

Nachdem der Arbeitsauftrag geklärt ist, beginnt die eigentliche Textproduktion. Im ersten Schritt der Texterstellung geht es darum, sich Gedanken zu dem Thema zu machen und Ideen für seine Behandlung zu finden. Dafür gibt es zwei grundsätzliche Methoden, den lateralen Ansatz des Brainstorming und den systematischen Ansatz der Begriffserklärung.
Beim **Brainstorming** (brainstorming) konzentriert man sich auf einen Schlüsselbegriff des Themas und notiert sich wahllos alle Assoziationen, die einem zu diesem Begriff in den Sinn kommen. Dabei kann man sich einer **Assoziationsskizze** (mind map/"spider") bedienen. Man nimmt sich dazu ein leeres Blatt und schreibt den gewählten Begriff in die Mitte des Blattes. Diesen Begriff lässt man nun als Reiz zur Assoziation anderer Begriffe wirken, die man auf dem Blatt festhält, indem man sie um den zentralen Begriff herum anordnet. Diese assoziierten Begriffe dienen ihrerseits dann als Reiz für weitere Assoziationen. Bei Fortführung dieser Assoziationskette entsteht auf dem Blatt ein Netz von Begriffen mit dem zu Beginn gewählten Schlüsselbegriff als Zentrum.

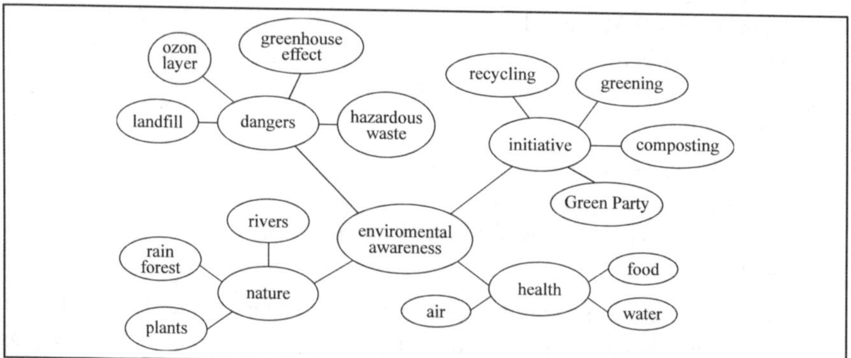

Wenn nötig, kann man diesen Vorgang mit weiteren Schlüsselbegriffen des Themas wiederholen.

Aufgabe

66. *Create a "spider" to generate ideas about the following question: "Is television doing irreparable harm?"*

Bei der **Begriffserklärung** (word clarification) geht man systematisch vor. Ausgangspunkt ist wiederum ein Schlüsselbegriff des Themas, nach dessen Bedeutung man fragt. Die gefundene Antwort enthält meistens ein oder mehrere neue Kernbegriffe, deren Bedeutung wiederum auf dieselbe Weise erfragt und bestimmt wird. Dadurch ergibt sich eine Sammlung von Begriffen, die in engem Zusammenhang mit dem Thema stehen und die Grundlage für eine Stoffsammlung bilden können.

Schematische Darstellung der Begriffserklärung:

B	Schlüsselbegriff (keyterm)
↓	
?	Frage (Was ist .../ Was bedeutet ...?)
B B	Antwort mit neuen Begriffen
↓ ↓	
? ?	Fragen
↙ ↘ ↙ ↓ ↘	
B B B B B	Antworten mit neuen Begriffen

etc.

Beispiel

environment →	?
↓	
= the **natural conditions** in which	people, animals and plants live.
↓	
natural conditions in which ... ?	people, animals and plants live.
↙ ↓ ↘	
= **air,** water, land, in which ... ?	people, animals and plants live.
↓	
= **air** in which ... ?	people, animals and plants live.
etc.	

Diese beiden Ansätze zur Gedankenfindung sollten in Umfang und Ausführung dem jeweiligen Schreibanlass angepasst werden. So erlaubt die Bearbeitungszeit im Rahmen einer Klausur meist keine vollständige, differenzierte Klärung aller Begriffe.
Wenn man mit dem Sachgebiet des Textgegenstandes vertraut ist, kann man auch einfach alle Einfälle stichpunktartig notieren und so zu einer Stoffsammlung gelangen.

Beispiel

- humanity / overpopulation / food
- resources / renewable / non-renewable
- consumption / depletion / pollution
- biological diversity / extinction / deforestation
- ozone layer / landfill / greenhouse effect / acid rain
- too many and too big problems
- recycling / greening / solar energy / composting
- nuclear waste disposal
- oil shortage 70s / global warming 80s
- Dual System Germany / Earth Day 1990
- Greenpeace / environmentalism / activism
- private initiatives / governmental programmes
- enormous amount of information etc.

Bei häuslichen Arbeitsaufträgen muss eine derartige Stoffsammlung noch durch weiteres Material wie Fakten, Beispiele ergänzt werden, denn durch die Vielfalt der möglichen Informationsquellen, die einem hier zur Verfügung stehen, sind auch die Ansprüche an die zu erbringende Leistung höher als bei einer Klausur.

Aufgabe

67. *Read the following question and create a list of ideas you might use in a composition about this subject.*
"Why should we give up trying to reach other planets and concentrate on solving the problems on earth?"

10.3 Ordnen des Materials und Erstellen eines Schreibplans

Die einzelnen Punkte der Stoffsammlung werden zuerst daraufhin überprüft, ob sie den Kern des Themas betreffen. Für das Thema unwichtige Aspekte oder wenig überzeugende Argumente werden gestrichen. Dann ordnet man das verbliebene Material unter thematischen Oberbegriffen in einzelne Gruppen, für die man jeweils versucht, eine Kernaussage zu formulieren.

Beispiel

- rapidly growing world population
- difficulties in feeding the world's hunger
- 50 000 species are doomed to extinction each year
- no safe solution to the hazardous waste disposal problem

= environmental problems → "The global environment continuous to decline."

Aus jeder einzelnen Kernaussage wird in dem späteren Aufsatz ein eigener Sinnabschnitt. Nachdem man etwaige Lücken durch Ergänzungen geschlossen hat, bringt man die einzelnen Kernaussagen in eine logische Reihenfolge und wählt geeignete Gedanken für die Einleitung sowie für den Schluss. Häufig wird ein Schreibplan nur dann für notwendig gehalten, wenn das Thema komplex ist oder der Aufsatz umfangreich sein soll. Die Erfahrung jedoch hat gezeigt, dass für einen guten Aufsatz systematisches Vorgehen und die Erstellung eines Schreibplans von Vorteil, wenn nicht sogar unerlässlich sind.

Beispiel

A. Introduction:
Environmental awareness has grown in the 1970s and 1980s.

B. Development:
- I. The global environment continues to decline.
  1. The layer of ozone is still being destroyed.
  2. World's population is rapidly increasing.
  3. There is no solution to the disposal of nuclear waste.
- II. Environmental awareness is not put into activism.
  1. People are overwhelmed by the amount of information.
  2. The individual is paralyzed by the problems.
  3. Government takes over private initiatives.
- III. People have to be moved beyond non-active environmental awareness.
  1. Individual actions must be meaningful and achievable.
  2. Clear links between the different levels of activism must be established.

C. Conclusion:
We all must help to put awareness into action.

Aufgabe

68. *Arrange the following list of ideas in a logical order and design a writing plan.*
Topic: Do people take the environmental problems seriously enough?
List of ideas: car engines running at train crossings / cut down on use of energy / re-use plastic carrier bags / dump garbage in the forest / collect waste for recycling / use of pesticides ...

10.4 Rohentwurf

Bei dem Rohentwurf eines Aufsatzes geht es darum, jede Kernaussage des Schreibplans gedanklich zu entwickeln und sprachlich zu gestalten. Dabei sollte man auch die unterschiedlichen Funktionen der einzelnen Teile des Aufsatzes – Einleitung (A), Hauptteil (B) und Schluss (C) berücksichtigen.
Der Anfang eines Aufsatzes ist sehr wichtig, denn hier muss das Interesse des Lesers geweckt und aufrecht erhalten werden. So könnte man z. B. beginnen mit
- der Definition eines Schlüsselbegriffs aus dem Thema,
- einer Frage,
- einer interessanten Meinungsäußerung,
- einer provozierenden Aussage zum Thema
- oder mit einem Zitat.

In jedem Fall sollte eine weitschweifige, mit unwesentlichen Einzelheiten ausgestattete Einleitung vermieden werden. Ziel der Einleitung ist es nämlich, den Leser möglichst zügig zum Kern des Themas hinzuführen. Da vielen Schülern gerade der Anfang eines Aufsatzes schwerfällt und sie dann häufig hilflos vor dem leeren Blatt sitzen und Löcher in die Luft starren, kann es hilfreich sein, den Rohentwurf mit einem einfachen Satz zu beginnen, der den Bezug zum Thema herstellt.

Beispiele

- This composition is about the question if a woman's place is in the kitchen.
- As far as I am concerned family is a good organisation.
- The question what to do to preserve endangered species from extinction has many answers.

So ein Satz dient nur dazu, die Schreibblockade zu überwinden und in Gang zu kommen. Bei der endgültigen Fassung kann man dann diesen Satz wieder streichen und durch eine überlegt gestaltete Einleitung ersetzen.

Aufgabe

69. *Write an interesting first sentence for each of the following essay titles.*
a) *Is camping the ideal way of spending a holiday?*
b) *A day on a farm*
c) *The pleasures and pains of jogging*
d) *Sunday afternoon*
e) *Are pop stars worth the enormous sums they are paid?*

Der Hauptteil eines Aufsatzes dient der differenzierten Darlegung des Themas. Das heisst, dass hier die Kernaussagen unter B des Schreibplans dargestellt und logisch entwickelt werden. Dabei darf der Leser nicht das Gefühl bekommen, als würde ihm eine Reihe einzelner Aussagen vorgestellt. Vielmehr soll die Darstellung so ausgeführt werden, dass jede Aussage an den vorausgegangenen Gedanken anschließt und diesen weiterentwickelt. Dazu muss man gegebenenfalls die Reihenfolge der Punkte im Schreibplan umstellen oder sogar ihren Inhalt verändern.

Hilfreiche Wendungen für die Verküpfung zweier Gedanken

Vergleich (comparison): alike, similarly, in the same way

Einräumung (concession): admittedly, although, after all, in spite of

Folge (consequence): as a result, consequently, therefore, thus

Gegensatz (contrast): apart from, however, instead, on the other hand, unlike, whereas, while

Veranschaulichung (illustration): for example, for instance, so, thus

Aufgabe

70. *Fill in suitable transitional phrases to connect the ideas of each of the following pairs of sentences.*

a) – *Many traditional female jobs require a high degree of motor control of rapid movement with low error rate and responsibility for human life, as in nursing or teaching.*
– *Men's jobs _____ (contrast) require strength and responsibility for equipment or budget.*

b) – *Many people are still suspicious of computers.*
– *_____ (reason) they think computers can be misused.*

c) – *Today many parents are choosing to have fewer children.*
– *___ (result) A child may have only one sibling or perhaps, none at all.*

d) – *Research has shown that there is little difference in the behaviour of infant girls and boys.*
– *_____ (contrast) adults soon begin to interact with them differently.*

e) – *Modern systems of communication have become indispensable to our society.*
– *_____ (illustration) what would happen in the business world if the communication system broke down?*

Auch wenn der Schluss eines Aufsatzes wesentlich von der jeweiligen Aufsatzart abhängt, sollte man allgemein darauf achten, dass der Schluss den Aufsatz abrundet, also der Leser zufrieden ist. Das bedeutet, dass z. B. im Aufsatz hervorgerufene Fragen nicht unabsichtlich offen bleiben und dass jeder angefangene Gedankengang oder Erzählstrang auch zu Ende geführt worden ist. Dazu ist die bewusste Gestaltung des letzten Abschnitts als Schluss des Aufsatzes notwendig. Für einen wirkungsvollen Schluss bieten sich folgende Möglichkeiten an:

- die eigene Meinung zum Thema in einem Satz,
- die Äußerung eines Wunsches, einer Hoffnung oder einer Warnung,
- der Ausblick auf eine zukünftige Entwicklung,
- ein Lösungsvorschlag,
- ein Denkanstoß.

Ein guter Schluss ist in der Regel knapp und klar. Auf keinen Fall sollte man noch einmal alles zusammenfassen, was man im Hauptteil ausgeführt hat.

Aufgabe

71. *Consider how a reader might view each of the following endings.*

a) The number of suicides was steadily rising in England until 1969. (Suicide)

b) Mothers and housewives who are happy in that role have my greatest respect. (A Woman's Place is in the Home)

c) We must respect a woman's decision. (Abortion: Murder?)

d) How are we to know whom we can trust? (Mass Media)

e) No matter how indifferent the universe may be to our choices and decisions, these choices and decisions are ours to make. We decide. We choose. And as we decide and choose, so are our lives formed. In the end, forming our own destiny is what ambition is about. (The Virtues of Ambition)

f) Most people enjoy drinking alcohol. (The Effects of Alcohol)

10.5 Überarbeitung und Endfassung

Ist der Rohentwurf fertiggestellt, dann wird er nochmals überarbeitet. Dabei überprüft man in einem ersten Arbeitsgang kritisch, ob die Aussagen zum Thema passen und inhaltlich korrekt sowie gedanklich schlüssig sind. Im zweiten Arbeitsgang konzentriert man sich auf die stilistische und sprachliche Ausführung.

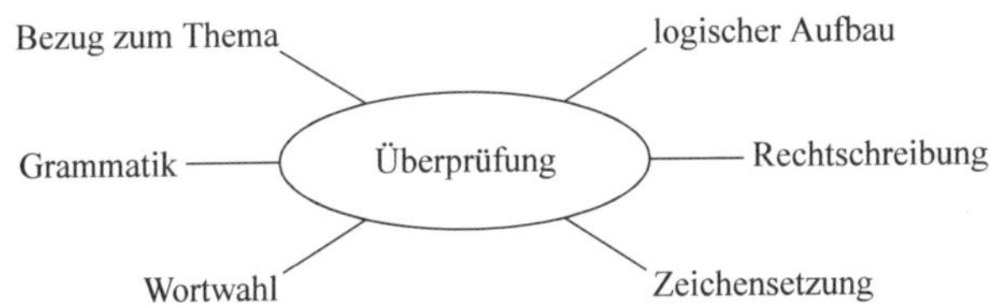

Weitere Fragen zur Überprüfung

- Hat mein Aufsatz eine **wirkungsvolle Einleitung?**
- Beziehen sich alle **Kernaussagen** direkt auf das Thema?
- Habe ich meine **Aussagen begründet, belegt und veranschaulicht?**
- Vermag der **Schluss meines Aufsatzes** den Leser zu beeindrucken?
- Ist die **Darstellung** gedanklich wie **sprachlich geschlossen** gestaltet?
- Ist mein **Aufsatz prägnant und treffend** ausgeführt?
- Ist der **Satzbau abwechslungsreich?**

Wenn man den Rohentwurf sorgfältig überarbeitet und korrigiert hat, dann kann man sich beim Schreiben der endgültigen Fassung ganz auf den Gesamteindruck sowie auf die Anforderungen hinsichtlich der äußeren Form konzentrieren.

Beispiel

In the past two decades there has been a continuous growth in environmental awareness due to oil shortages (Arab boycott, 1973) as well as air and water pollution in the 1970s and acid rain and stratospheric ozone depletion in the 1980s.

Yet, the global environment continues to decline. So, for instance, the earth's stratospheric ozone layer is still being eaten away by man-made chemicals far faster than scientists had thought. In addition to that, the growing world population is going to bring about a decline in the amount of renewable resources by 10 to 30 percent as scientific projections for the year 2010 show. And finally the amount of nuclear wastes is increasing rapidly, and there is still no safe solution to the waste disposal in sight. These examples make clear that there is no time to lose.

So why is environmental awareness not translating into sufficient environmental activism at this time? Part of the reason may be that people have been overwhelmed by the enormous amount of information and are daunted or even paralyzed by the problems that threaten the future on earth. They have begun to believe that all those environmental problems are beyond their control.

Another common reaction might be, if the world's problems are so big, what can I as an individual do? Therefore people leave it to the governments to take over environmental initiatives. So in Germany, for example, the Dual System has displaced formerly successful local recycling initiatives without giving rise to another form of environmental activism. Taken together, these reasons may explain why the prospects for reversing the trends are not high.

So what should be done to move people beyond the non-active environmental awareness, which is necessary to make the global environmental movement continue? Environmentalism must be newly defined and applied to our individual lives. Above all it should describe individual actions that are meaningful and achievable and establish clear links between activism on individual and global levels. Take, for example, the use of energy. Here curbing personal consumption is a meaningful individual action, as we may need to reduce fossil fuel consumption by more than 50 percent to stabilize the atmosphere.

But to enable residents to reduce their consumption, there must be clear links to local or regional authorities, which can help to identify the need and provide information thus giving individual action a context. If provided with the regional connections and context to guide personal action, the private citizen will feel more inclined to act.

All in all, the prospects for reversing the decline of the global environment are not high as long as people are just aware. Our planet and ultimately we all need more. Therefore we must help to put awareness into action.

Aufgabe

72. *Read the following first draft of the essay. Consider each of the essay writing skills and asses the writer's skills. After having formed your own opinions about the essay, compare them with the suggestions in the "Lösungsvorschläge".*

Must a woman's place be at home? *(comment)*

After the 1997 election in Britain 119 women have a seat in the Mother of Parliaments. This is the highest number of female Mps ever.

The place of those women MP obviously is in the House of Commons and not predominantly at home. There has been taking place a role shift in the last decades and this not only in politics. For today women make up half

the labour force and they take a very responsible position in society. So it is a fact that we are no longer living in a world structured for men with wives to handle the details of life.
Since this social change cannot be undone, what use is there to discuss wheather "a woman's place must be at home" or not? The new mystique is that women can have it all. And a whole generation of women are coming into maturity today who grew up taking for granted that the world is open to them. So how could they be forced back into their "traditional role"?
Granted, there are many women nowadays that must struggle to live two lives, to juggle home, family and job. But here society is called for. Day-care centres for children and flextime or part-time jobs for working mothers are only some possibilities how society could help working mothers to get out of the squeeze in which they are still trapped.
Most people certainly agree that equality should not be denied or abridged on account of sex. So I think it should be left to every woman to choose freely for herself what to do with her life.

10.6 Aufsätze schreiben in Klausuren und Abiturprüfung

Einen Aufsatz in einer Prüfung zu schreiben ist für viele Schüler eine entmutigende Aufgabe, da sie leicht nervös werden, wenn sie gegen die Uhr schreiben müssen. Daher ist es sinnvoll, sich auf die Prüfungssituation gezielt vorzubereiten und sich gewisse Prüfungstechniken anzueignen.

Vorbereitung auf die Prüfung

- Analysieren Sie Aufgabenstellung und Lösungsvorschläge von Prüfungen vorangegangener Jahre, damit Sie wissen
  - welche Art von Themen Sie erwartet,
  - wie die Arbeitsanweisungen formuliert sein könnten,
  - in welcher Weise die Aufgaben bearbeitet werden sollen und
  - wie gründlich und umfangreich die Ausführung sein muss.
- Üben Sie das Aufsatzschreiben unter Prüfungsbedigungen (Zeit/erlaubte Hilfsmittel),
  - um sich mit der Prüfungssituation vertraut zu machen und
  - um sich einen individuellen Zeitplan zu erarbeiten.

Die Analyse der Aufgabenstellung sowie die überlegte Planung des Aufsatzes erfordern Zeit. Auch in einer Prüfung sind gründliche Analyse und überlegtes Planen wesentliche Voraussetzungen für einen gelungenen Aufsatz. Geraten Sie daher nicht in Panik unter dem Zeitdruck. Wenn Sie sich in der Vorbereitung auf die Prüfung ihren persönlichen Zeitplan erarbeitet haben, wird es Ihnen nicht schwer fallen, sich in der Prüfung die Zeit sinnvoll einzuteilen.

Beispiel

Bei einer Arbeitszeit von 60 Minuten für den Aufsatz könnte ein sinnvoller Zeitplan etwa folgendermaßen aussehen:
- 15–20 Minuten für die Analyse der Aufgabe und die Planung (inklusive Stoffsammlung und Schreibplan)
- 35–40 Minuten für die Ausführung
- 5–10 Minuten für Überarbeitung und Korrekturen

Die in der Vorbereitung gewonnene Vertrautheit mit der Prüfungssituation sollte Ihnen genügend Sicherheit geben, um sich in der Prüfung durch die Aufgabenstellung nicht verwirren zu lassen oder in Zeitdruck zu geraten.

Prüfung

- **Analysieren Sie die Aufgabenstellung** ruhig und sorgfältig. Wenn man nervös ist, neigt man schnell dazu, etwas misszuverstehen oder zu übersehen.
- Bei mehreren Themen wählen Sie das Thema,
  - von dem Sie glauben, dazu etwas sagen zu können (Kenntnisse/eigene Erfahrungen);
  - das Sie interessiert;
  - das eine Aufsatzart verlangt, die Sie sicher beherrschen.
- Haben Sie erst einmal mit dem Aufsatz begonnen, ist für einen Themenwechsel nicht mehr genügend Zeit vorhanden.
- Erstellen Sie eine **Stoffsammlung** und überprüfen Sie den Bezug der einzelnen Stichworte zum Thema.
- **Ordnen Sie die einzelnen Stichworte nach Oberbegriffen** und entwerfen Sie einen **Schreibplan.** Gehen Sie dabei – für einen 60-minütigen Aufsatz – von nicht mehr als **5** Sinnabschnitten aus, wovon **2** auf Einleitung und Schluss entfallen. Bei einem dialektischen Aufsatz entwickeln Sie höchstens **2** Argumente je Seite, was also insgesamt **4** Sinnabschnitte für den Hauptteil ergibt.

- Schreiben Sie den Aufsatz und **halten Sie sich** dabei **strikt an Ihren Schreibplan,** denn spontane Abweichungen führen häufig zu einem gedanklichen Bruch im Aufbau. Denken Sie auch an eine wirkungsvolle Einleitung sowie an einen beeindruckenden Schluss. Bei der Gestaltung des Hauptteils ist vor allem auf die Geschlossenheit und Prägnanz der Darstellung zu achten. Da in einer Prüfung für einen Rohentwurf keine Zeit ist, sollten Sie den Aufsatz in zweizeiligem Abstand schreiben, damit das Einfügen von Korrekturen bei der Überarbeitung die Übersichtlichkeit Ihres Aufsatzes nicht beeinträchtigt.
- Rechnen Sie unbedingt einige Minuten für die **Überprüfung und Verbesserung des Aufsatzes** ein. Ihr Hauptaugenmerk sollte hierbei auf eine flüssige Ausdrucksweise sowie auf sprachliche Korrektheit gerichtet sein, denn meistens kommen der Darstellung und der sprachlichen Gestaltung eines Prüfungsaufsatzes ein höheres Gewicht zu als seinem Inhalt.
- Und "last but not least", achten Sie auf eine **saubere äußere Form,** auf gut **lesbare Schrift** sowie auf Eindeutigkeit bei etwaigen Verbesserungen. Ein Korrektor, der sich das Verständnis Ihres Aufsatzes erst mühsam erarbeiten muss, neigt wohl nur selten zu einer großzügigen Beurteilung.

11 Berichtende Aufsatzarten

11.1 Bericht

Der Bericht (report) als Aufsatzform erfreut sich im Englischunterricht immer größerer Beliebtheit. Dies wird vor allem gefördert durch zunehmende Verwendung von "Simulationen" und Projektarbeit im Unterricht. Durch die praxisorientierte Gestaltung von Berichten kommen dabei auch unterschiedliche Formen zur Anwendung.
Die grundsätzliche Aufgabe des Berichts ist es, über ein Ereignis, ein Geschehen oder eine Situation sachlich zu informieren. Daher stehen die Auswahl und die Präsentation der wesentlichen Fakten zu dem jeweiligen Sachverhalt im Vordergrund des Berichts. Auch die Gestaltung ist ganz dem Zweck unterworfen. Der Aufbau ist systematisch – bei der Wiedergabe von Ereignissen oder von Geschehen also chronologisch – und die sprachliche Ausführung ist sachlich, knapp und genau. Gedanken und Gefühle des Berichterstatters gehören nicht in den Bericht. Zusammenfassend ergibt sich für das Schreiben eines Berichts folgende Grundeinstellung:

Einstellung
→ sachorientiert
→ genau
→ auf das Wesentliche konzentriert
→ unpersönlich/distanziert

Neben dieser Grundeinstellung sind noch gewisse Vorüberlegungen notwendig, bevor man mit der Arbeit am Bericht beginnt. Denn um den Bericht möglichst effektiv zu gestalten, sollte man sich über folgende Fragen im Klaren sein:
- Was ist der genaue Zweck meines Berichts?
- Um welche wesentlichen Inhalte soll es gehen?
- Welche Quellen stehen mir zur Verfügung?
- Für welche Leser ist der Bericht bestimmt?
- Wie soll ich die Ergebnisse meiner Arbeit darstellen?

Von den Antworten zu diesen Fragen hängt es ab, welche Informationen für den Bericht wichtig sind. Diese Antworten sind also entscheidend für die Materialauswahl.

Aufgabe

73. *Formulate simple questions to which the underlined passages in the short news report are the answers.*

> **car hits pedestrians**
>
> Yesterday (a) a mother and their two children (b) were seriously hurt in a traffic accident (c) in Akron (d).
>
> The car had a collision with a truck and mounted the pavement outside a supermarket where it hit a group of pedestrians. (e)
>
> The mother with a broken leg and her children with serious contusions were the only of the pedestrians to be kept in hospital. (f)

Ziel des ersten Arbeitsschrittes ist die Sammlung und die Auswahl des Materials für den Bericht. Man nutzt also die zur Verfügung stehenden Quellen und erstellt eine Stoffsammlung, die man auf ihre Vollständigkeit hin überprüft. Hierbei hat sich der nachfolgende Katalog der sogenannten **W**-Fragen als sehr hilfreich erwiesen:

- **W**as ist geschehen?
- **W**er war beteiligt?
- **W**o geschah es?
- **W**ann geschah es?
- **W**ie geschah es?
- **W**elche Folgen hatte das Geschehen?

Lassen sich alle diese Fragen hinreichend aus der erstellten Stoffsammlung beantworten, dann kann die Materialsammlung als abgeschlossen betrachtet werden und man kann mit der Auswahl und dem Ordnen des Materials beginnen. Die Auswahl der wesentlichen Inhalte richtet sich dabei nach dem Zweck sowie nach dem vorgegebenen Umfang des Berichts. Die Streichung von Inhalten darf dabei jedoch nicht auf Kosten der Verständlichkeit des Berichts gehen. Hat man

also Zweifel, ob der Wegfall eines Punktes das Verständnis des Lesers beeinträchtigt, sollte man den Punkt lieber in seiner Auswahl behalten.
Der Aufbau des Berichts sollte folgerichtig und zweckdienlich sein. Daher orientiert man sich beim Ordnen des ausgewählten Materials sowohl am Sachverhalt, über den man berichtet, als auch am Zweck, den der Bericht erfüllen soll. Unabhängig von der jeweils konkreten Situation besteht der Bericht aus drei Teilen:

- Einleitung (introduction)
- Hauptteil (main body)
- Schluss (conclusion)

Handelt es sich bei dem Sachverhalt um ein Ereignis, dann ergibt sich in der Regel folgendes Aufbauschema:

I. **Einleitung** (introduction)
= kurze Zusammenfassung der wesentlichen Inhalte:
- Was geschah?
- Wann und wo?
- Wie und durch wen?

II. **Hauptteil** (main body)
= genaue Darstellung des Geschehens in chronologischer Reihenfolge, also entsprechend des zeitlichen Ablaufs:
- Wie ist das Geschehen genau abgelaufen?

III. **Schluss** (conclusion)
= knappe Benennung von Anlass, eventuell auch Ursachen und Folgen des Geschehens:
- Wie konnte das Geschehen passieren?
- Was waren die Ursachen dafür?
- Welche Folgen hat(te) das Geschehen?

Aufgabe

74. *Try organizing the "list of ideas" below in a logical and acceptable order. Group your ideas under the headings "introduction", "main body" and "conclusion".*
- *West coast residents watched spray fly over the top of Fort Grey*
- *firemen spent night pumping out water from houses*

- *Guernsey Met. Office recorded mean wind speeds of gale force 8 throughout the night, with maximum gusts of 78 knots (89 mph).*
- *remnants of Hurricane Lili hit the Bailiwick last night*
- *violent storm force 11 at 8.20 p.m. and 11.05 p.m.*
- *strongest winds since February*
- *early this morning gangs from States Work were out clearing up at Perelle and the Rocquaine coast road*
- *teams were helped by residents*
- *power failure at about 10.30 p.m.*
- *supplies to north and centre of island were lost, but fully restored within twenty minutes*
- *all in all the islands appear to have come through the night relatively unscathed*
- *combined with a high tide of 9.5 metres caused further problems on west coast*
- *stones, seaweed and water poured over the walls*
- *sections of the west coast were closed off to traffic*
- *car in Cambridge Park was struck by falling tree*
- *seaweed blocked drains*

Bei anderen Formen des Berichts, wie z. B. bei Berichten über ein Projekt oder über Fortschritte bei der Erstellung der Facharbeit, ordnet man die Stichpunkte nach thematischen Oberbegriffen in einzelne Gruppen. Handelt es sich um einen umfangreicheren Bericht, bieten sich diese Oberbegriffe auch als Überschriften für den Bericht an.

Beispiel

Training seminar on Starwriter 3.1 attended 8 August 1997

This session introduced participants to Starwriter 3.1 and provided practice in some of its basic functions.

Content

a) explanation of status line
b) formating a page
c) writing a document
d) saving a document
e) printing
f) linking objects

Methods
explanation of function keys; then practical exercises following the instructions of the trainer;

Comments
a) useful introduction especially for beginners; probably too easy for experienced people;
b) Starwriter 3.1 seems to be useful for our department: easy to use.

Die geordnete und gegliederte Endfassung der Stoffsammlung dient als Grundlage für das Schreiben des Berichts. Die Ausführung des Berichts erfolgt nach der allgemeinen Verfahrensweise (vergl. Kapitel 10). Zusätzlich muss darauf geachtet werden, dass als Tempus in der Regel das Präteritum zu wählen ist und die sprachliche Gestaltung sachlich, auf das Wesentlichste beschränkt, aber dennoch präzise sein soll. Hierbei empfiehlt sich vor allem auch die Verwendung von Fachbegriffen (technical terms).

Aufgabe

75. *Convert the following telegrammatic notes into a short newspaper report.*

*31 Oct. 11.20 p.m. * German tourist Tony Rix (48) saw UFO at Cobo Bay * on his way back to hotel * humming noise * bright light in the sky coming towards him * moved quickly * noise * discusshaped * triangular blue windows * Rix took photo * sudden wind * Rix passed out * woke up 10 min later * UFO gone * Saumarez Research Centre examined photo * object cannot be identified * no spaceship from other planet **

Neben dem Bericht über ein Ereignis gibt es noch zahlreiche unterschiedliche Formen, von denen vor allem die folgenden Gestaltungsaufgaben im Englischunterricht der Oberstufe vorkommen:
- Projektbericht (student project report)
- Sachbericht für die Schülerzeitung (report for school magazine)
- Unterrichtsprotokoll (minutes)

Auf das Protokoll wird nachfolgend noch genauer eingegangen, da es aufgrund seiner Eigentümlichkeit die Berücksichtigung besonderer Merkmale bei seiner Gestaltung erfordert.

11.2 Protokoll

Ein Protokoll (minutes) ist ein sachlicher, informativer Bericht über
- eine Versammlung
- eine Sitzung/Besprechung
- eine Verhandlung
- eine Unterrichtsstunde oder Unterrichtssequenz.

Das Protokoll kann unterschiedliche Aufgaben haben. So kann es bei einer Versammlung oder einer Verhandlung **dokumentarischen Charakter** haben, d. h. es hält die Anträge und Entscheidungen der Versammlung bzw. Vereinbarungen in Verhandlungen fest und belegt ihre Verbindlichkeit.

Das Protokoll einer Arbeitsgruppe z. B. kann die Funktion eines **Rechenschaftsberichts** haben, und bei Unterrichtsprotokollen könnte ihre Aufgabe sein, abwesende Kollegiaten über den versäumten Unterricht zu informieren und es ihnen so ermöglichen, das Versäumte nachzuholen.

Die Grundlage eines Protokolls ist die **Mitschrift** (note-taking). Dabei kommt es darauf an, zu erkennen, wie die Veranstaltung aufgebaut bzw. gegliedert ist. Meist liegt eine **Tagesordnung** (agenda) vor, nach der man sich dann richtet. Unter den Tagesordnungspunkten als Überschriften werden dann die wesentlichen Informationen zu dem jeweiligen Punkt stichwortartig notiert.

Bei Unterrichtsprotokollen liegt in der Regel keine Tagesordnung vor und der Protokollant muss den Aufbau der Unterrichtsstunde aus ihrem Verlauf selbst erschließen. Dies verlangt vom Protokollanten, dass er den gesamten Unterricht, ohne Unterbrechung, aufmerksam verfolgt und sich nicht nur auf seine Mitschrift konzentriert. Denn wenn man den Unterricht nicht richtig und vollständig erfasst hat, kann man auch kein ordentliches Protokoll darüber schreiben.

Empfehlungen zum Mitschreiben im Unterricht

1. Verwenden Sie für Ihre **Notizen einzelne DIN-A4-Blätter,** die nur einseitig beschrieben und fortlaufend nummeriert werden.
2. Teilen Sie jedes Blatt durch eine senkrechte Linie in zwei gleiche Hälften und benutzen Sie für Ihre Mitschrift nur die linke Hälfte. Die rechte Hälfte ist für Ergänzungen und Anmerkungen bei der Überarbeitung Ihrer Notizen.
3. Versuchen Sie den **Aufbau der Unterrichtsstunde** zu erkennen und **gliedern** Sie die einzelnen Schritte **durch Ziffern oder Überschriften.**

4. Lassen Sie sich nicht durch beeindruckende englische Wendungen oder Formulierungen dazu verführen, alles möglichst wörtlich mitschreiben zu wollen, sondern **konzentrieren Sie sich auf die Inhalte,** vor allem auf die thematischen Schwerpunkte und deren Zusammenhänge.
5. Achten Sie besonders auf **erzielte Ergebnisse** und benennen Sie das Verfahren, das dazu geführt hat.
6. **Tafelanschriften, Folien und Arbeitsaufträge** sollten möglichst genau festgehalten werden.
7. Besprochene Texte sind mit **Titel, Autor und Quelle** (Buch, Verlag, Erscheinungsjahr) anzugeben.
8. Beschränken Sie sich bei Ihrer Mitschrift nur auf das Wesentlichste und halten Sie dies in möglichst **knapper Form** fest.
9. Benutzen Sie **Standardabkürzungen, -symbole und -zeichen.** (e. g. = for example / → = it follows / & = and)
10. Entwickeln Sie darüber hinaus **persönliche Abkürzungen und Zeichen.** (disc. = discussion / expl. = explanation / Σ = to sum up)

Aufgabe

76. *Consider in which ways the set of notes below fail to follow the given advice for note-taking.*

> J. Joyce: Portrait of an artist ...
>
> (Heinemann, London 1916)
>
> Stephen's personality ➲ series of contrasts / at ends and beginnings; punishment by Dolan, blinded by tears, exalted by classmates / scene shifts to impoverished family; exhilaration ← his confession; looking forward to new life abroad // false fathers theme: director demonstrate shrewdness, clerical fathers less than masculine // St. often refuses food of society // Emma flirtations / Catholic girl // bird imagery often contrived, St.'s flight from middle class (materialistic concerns.
>
> ================
>
> What role does water play in the novel?

Da es sich bei einem Protokoll um ein Dokument handelt, muss der formale Rahmen des Protokolls beachtet werden, der allerdings im Englischen meist weniger aufwendig reglementiert wird als im Deutschen.

MINUTES OF THE LONDON TRIP ORGANIZATION TEAM MEETING held at Holne Grammar School on Nov. 11, 1997	← Überschrift (mit Ort und Zeit der Sitzung)
Present: Mr Buck (chairman), Miss Becker, Mr Buchwald, Mr Link, Mr March, Miss Scherer	← anwesende Teilnehmer
1 Apologies for absence were received from Mr Stamm. The chairman welcomed Mrs Tanner the accompanying teacher.	← abwesend
2 The minutes of the previous meeting held on 9 September were confirmed as a true record	← Genehmigung des Protokolls der letzten Sitzung
3 ... **4** ... **5** ...	← Ausführung zu den einzelnen Tagesordnungspunkten
6 Any other business: It was agreed that two students should write a travel account for the yearbook.	← Verschiedenes
7 The next meeting will take place on November 21 at 2.00 p.m.	← Termin des nächsten Treffens
Signature	← Unterschrift des Protokollanten

Im Englischen besteht der Protokollkopf also nur aus der Überschrift und der Anwesenheitsliste. Mit der "Entschuldigung der Abwesenden" beginnt bereits die Ausführung zu den einzelnen Tagesordnungspunkten.

Bei Unterrichtsprotokollen wird meist ein ausführlicher "Kopf" verlangt, der z. B. folgende Angaben enthalten könnte:

- Ort,
- Datum,
- Beginn und Ende der Unterrichtsveranstaltung,
- Zahl der Anwesenden,
- Namen der Anwesenden,
- Kursleiter,
- Thema der Unterrichtsstunde,
- Inhaltsangabe in gegliederter Form.

Da die Vorstellungen über den formalen Rahmen von Kursleiter zu Kursleiter sehr unterschiedlich sind, sollte man die jeweils getroffenen Vereinbarungen beachten.
Die sprachliche Form des Protokolls ist zweckbestimmt. Daher erfordert das Protokoll als informativer Text eine sachlich-distanzierte Haltung sowie eine klare und knappe Ausdrucksweise. Um dem objektiven Charakter des Protokolls gerecht zu werden, sollte man sich deshalb eines nüchternen Stils bedienen, der geprägt ist von

- Verallgemeinerungen (the students, the assembly, the majority, some members, ...),
- Verwendung des Passivs (the issue was discussed ..., the proposal was accepted, ...),
- Nominalisierung/Gerundium (the incredible ..., the questioning ..., his denying ...).

Redebeiträge werden im Protokoll in der Regel zusammengefasst und in einem Aussagesatz ausgedrückt. Sollte eine vollständige Wiedergabe einer Äußerung notwendig erscheinen, so geschieht dies in Form der indirekten Rede (reported speech).

Aufgabe

77. *Change the following excerpt from the last meeting of the Literature Society into reported speech.*

President: *Prof. Blake has agreed to deliver a lecture on Romantic Poetry next month.*
A student: *Can you recommend any books for private study?*
President: *Walks's "Introduction to Keats" is perhaps best suited to young people. By the way, I have already borrowed the video "The Life of John Keats" which will be shown in the School Hall next Friday.*

Das Schreiben von Unterrichtsprotokollen ist nicht nur ein wertvolles Training zur Verbesserung der Schreibfertigkeit, sondern es fördert auch das kritische Denken sowie das Verstehen von komplexen Sachverhalten. Daher ist es durchaus ratsam, in regelmäßigen Abständen zur Übung ein Unterrichtsprotokoll zu schreiben, auch ohne dass der Kursleiter den Auftrag dazu erteilt hat.

12 Beschreibung

Bei der Beschreibung (desriptive essay) als Aufsatzform steht der **Textgegenstand im Vordergrund.** Seine Darstellung erfolgt rein objektbezogen, also völlig losgelöst von der Person des Verfassers. Im Englischen gibt es jedoch auch persönliche Beschreibungen, d. h. der Verfasser lässt seine persönliche Sichtweise in die Darstellung einfließen. Diese Form geht dann bereits in die Richtung einer Schilderung. Die Frage, welche dieser beiden Formen erwartet wird, lässt sich meist aus dem Thema beantworten.

Beispiel

a) Write about someone you dislike.

b) Describe a course of treatment for any common illness.

Zielt das Thema auf eine persönliche Erfahrung ab (a), so ist auch eine subjektive Perspektive erlaubt. Ist das Thema hingegen allgemein gehalten (b), sollte in jedem Fall die sachlich distanzierte Form gewählt werden.

Je nach dem Textgegenstand der Beschreibung unterscheidet man

- die Gegenstandsbeschreibung (Bild, Landschaft, Szene, ...),
- die Vorgangsbeschreibung (Ablauf eines technischen Prozesses, Bedienungs-/ Spielanleitung),
- die Personenbeschreibung.

Die Funktion der Beschreibung ist es, den Leser so genau zu informieren, dass der Gegenstand, der Ablauf oder die Person vor seinem "geistigen Auge" vergegenwärtigt wird. Dies wird möglich, indem man zum einen das Präsens als Tempus verwendet, zum anderen indem man Wortwahl und Ausdrucksweise sehr genau und anschaulich gestaltet. Der Verwendung von Adjektiven kommt dabei besondere Bedeutung zu.

Aufgabe

78. *Choose the most appropriate adjective, from those given below, for each space in the following passage: blue, bright, hard, indestructible, mysterious, nasty, perpetual, silly, transparent.*

... Jennifer has _____ (a) white hair standing out in a cotton candy fluff round her head and _____ (b) eyes like _____ (c) agate marbles, _____ (d) and polished and just about _____ (e), and a mouth set in a sort of _____ (f) sneer. Not a _____ (g) sneer, but an amused, _____ (h) sneer, as if all the people around her were pretty _____ (i) and she could tell some good jokes on them if she wanted to. ...

Fällt es einem bei einer Beschreibung einmal schwer, eine bestimte Eigenschaft oder Bewegung treffend zu bezeichnen, kommt man vielleicht mithilfe eines Vergleichs weiter.

Beispiel

It was a town of unnatural red and black like the painted face of a savage.

Aufgabe

79. *Try to complete the following similes.*

- a) *The darkness was like _____ heavy and ripe to the touch.*
- b) *I catch the glimpse of something like _____ that blasts the leaves where it flies.*
- c) *I am drawn to this spot. I come to it as _____.*
- d) *At dawn what looks like a blue dome clamps over me like _____.*
- e) *The clouds looked so low and heavy as if _____.*
- f) *I am blind as _____, sensing only from every direction the echo of my own thin cries.*

Ein weiteres Problem bei der Gestaltung einer Beschreibung ist für viele Schüler die Frage, wie es sich verhindern lässt, dass der Aufsatz in lauter Einzelaussagen zerfällt. Um eine solche Aufzählung zu vermeiden, muss also auch der Aufbau sorgfältig geplant werden.

Grundsätzlich hat sich auch hier die Dreiteilung in **Einleitung** (introduction), **Entwicklung** (development) und **Schluss** (conclusion) bewährt. Die Strukturierung dieser Teile allerdings ist je nach Form der Beschreibung unterschiedlich.

12.1 Gegenstandsbeschreibung

Der Begriff "Gegenstandsbeschreibung" (describing objects, places, scenes, ...) ist nicht ganz wörtlich zu nehmen, da es sich neben der Beschreibung von Gegenständen auch z. B. auf die Darstellung von Örtlichkeiten und malerischen Szenen bezieht. Vielleicht könnte man eine Gegenstandsbeschreibung im Englischen treffender mit dem Ausdruck **"word-picture"** bezeichnen, also dem Malen eines Bildes mit Worten. Und ähnlich wie beim Malen eines Bildes steht auch der Verfasser einer Gegenstandsbeschreibung vor dem Problem, womit er anfangen soll und wie es dann weitergehen könnte.
Da bei einer Gegenstandsbeschreibung kein Verlauf gegeben ist, der den Aufsatz zusammenhält, ist es ratsam, sich einen **Leitgedanken** zu **überlegen**, auf den sich dann alle Elemente der Beschreibung beziehen. Soll man z. B. eine Marktszene beschreiben, könnte die *Vielfalt des Warenangebots* so ein Leitbild sein. Ausgehend von dieser Vorstellung sucht man dann nach einem interessanten Einstieg. Man stellt sich also die Frage, womit man dem Leser den Text schmackhaft machen kann.

Aufgabe

80. *Write an interesting introduction to each of the following topics.*
a) At the seaside
b) A natural scenery
c) An impressive building

Auch bei der Ausführung des Hauptteils, also der Darstellung der einzelnen Beobachtungen, sollte man den Leitgedanken im Auge behalten und die einzelnen Aussagen unter diesem Aspekt präsentieren. Für die Reihenfolge, in der man seine Einzelbeobachtungen anordnet, gibt es unterschiedliche Möglichkeiten:

- von außen nach innen (oder umgekehrt)
- von oben nach unten (oder umgekehrt)
- von links nach rechts
- vom Großen oder Allgemeinen zum Kleinen bzw. zu Einzelheiten oder besonderen Merkmalen
- vom Auffälligen zum Verborgenen

In jedem Fall ist eine systematische Anordnung einzuhalten, damit der Leser dem schrittweisen Aufbauen des "Wortbildes" auch folgen kann.

Beispiel

St. Andrew's, Greenstead – juxta – Ongar by Christopher Somerville[18]

St Andrew's stands modestly under trees in a well-kept Essex graveyard. One's first impression, walking in through the gate, is that the church has been cobbled together out of three completely unrelated buildings. To the west stands a typically stumpy Essex rural church tower, weatherboarded and whitewashed, topped by a broach-spire hung with shingles; to the east, a solid little chancel of mellow red Tudor brick, half-hidden behind a churchyard yew.

What ties these two disparate elements together is a low-slung, dark nave that puts you in mind of the rugged log cabin of some settler in the Rockies, or of an Alpine chalet. It is made of thick sections of tree-trunk six or seven feet high, stripped of their bark, set upright side by side in an oaken sill.

From the outside it looks as if whole trees have been used; but inside the building, when your eyes have got used to the darkness, you see that the logs have been split in half lengthwise, their interior faces smoothes off flat. They set a heavy, contemplative mood for the little church.

St. Andrew's is the oldest wooden church in the world, and the oldest wooden building in England. The nave has been standing for almost 1,000 years. Until 1995 it was thought to have been built in Saxon times, around 845 AD. But dendrochronology (the counting of tree rings) has now dated it fairly certainly to around the time of the Norman Conquest. Even then it must have been a dark box of a place; one of the original eye-holes still pierces the north wall, letting in an intense but minimal light. It was a securely built and weathertight church. Each log was grooved to take a wooden "tongue", which would seal gaps between the timbers.

Did the body of the martyr St Edmund rest here in 1013 AD, on its journey from London to Bury St Edmunds? Local legend says so. No proof exists – but a beautiful Tudor painting of Edmund's martyrdom hangs on the north wall's ancient timbers.

Aufgabe

81. *Read the example above and show how the descriptive essay is structured.*

18 The Sunday Telegraph, May 25, 1997

Der Schluss sollte die Beschreibung abrunden. Dazu muss man den Leser, unter Berücksichtigung des Leitgedankens, wieder von den Einzelheiten des Hauptteils zurück zu einem übergeordneten Gedanken führen, also wie beim Filmen von der Nahaufnahme zur Gesamtansicht zoomen. Günstig für die Geschlossenheit des Aufsatzes ist es, wenn es gelingt, im Schluss an den Einstieg anzuknüpfen, weil dieser kreisförmige Aufbau die Tatsache, dass es sich bei dem Text um ein geschlossenes Ganzes handelt, besonders betont.

Aufgabe

82. *Write an effective conclusion to each of the following topics. (Make use of your introductions of "Aufgabe 80".)*
a) At the seaside
b) A natural scenery
c) An impressive building

12.2 Vorgangsbeschreibung

Hier geht es vor allem um die genaue Darstellung meist **technischer Abläufe** oder häufiger noch um **Bastel- oder Spielanleitungen.** Es sollen also Vorgänge beschrieben werden, die sich meist beliebig oft wiederholen lassen. Der Zweck solcher Beschreibungen ist **reine Information,** und an diesem Ziel orientiert sich auch die Darstellung. Die Beschreibung sollte somit sachlich, genau und unmissverständlich sein. Das verlangt vor allem einen lückenlosen, chronologischen Aufbau sowie die korrekte Anwendung von Fachbegriffen. Als Tempus dient in der Regel das Präsens.
Dient die Vorgangsbeschreibung als Anleitung, empfiehlt sich folgende Strukturierung:
- Einleitung: Vorbereitung (gegebenenfalls Zweck),
- Hauptteil: Darstellung des Ablaufs in einzelnen Schritten,
- Schluss: zusätzliche Hinweise und Tipps.

Beispiel

Card Trick

This trick is easy to perform as it actually works itself. The only preparation needed is that you know the TENTH card from the top of the deck beforehand.

First, while holding the deck face down in dealing position in your left hand, you ask one of the audience to name any number between 10 and 20. Then you count that many cards from the pack face down onto the table. This done, lay the pack aside and pick up the new pile of cards. Tell the audience that you will add the two digits of the selected number and count down that many in the pile to arrive at a single card. It always is the tenth card from the top of the deck. Show this card to the audience and tell them to remember it. Then put it back into the deck and shuffle it. You may reveal the selected card in whatever manner you choose.

And don't forget that a trick is only as good as you make it look.

Aufgabe

83. *Write an article for your school magazine describing how to revise for an exam.*

Im Gegensatz zum Deutschen wird im Englischen häufig auch die Beschreibung einmaliger Vorgänge verlangt. Dabei gibt es kaum eine Einschränkung der Art der Vorgänge. Eine bestimmte historische Entwicklung kann ebenso Gegenstand einer Vorgangsbeschreibung sein wie ein Ereignis oder einfach eine Szene aus dem alltäglichen Leben.

Beispiele

- Describe how women gained the vote.
- Describe your visit to an exciting sports event.
- Describe a stop during the course of a long journey of any kind.

Durch solch eine uneingeschränkte Vielfalt gibt es natürlich auch zahlreiche Themen, die ebenso in Form eines Berichts behandelt werden könnten, und die Gefahr, dass man die Aufsatzart verfehlt, ist durchaus gegeben.
Um dies zu vermeiden, ist es ratsam, auch bei einmaligen Vorgängen in der Vergangenheit als Tempus das Präsens zu verwenden, denn es geht bei der Beschreibung um die Vergegenwärtigung eines Vorgangs.
Darüberhinaus steht bei der Beschreibung die Wiedergabe von Geschehen als zusammenhängender Vorgang im Vordergrund. Man muss sich bei der Darstel-

lung also vor allem auf die Beziehungen zwischen den einzelnen Schritten oder Phasen des Vorgangs konzentrieren.
Und schließlich sollte man auf eine besonders genaue und anschauliche Gestaltung seines Aufsatzes achten.
Zur Überprüfung des Aufsatzes kann man sich dann noch einmal die Fragen vor Augen führen, auf die eine Vorgangsbeschreibung bzw. ein Bericht jeweils antworten sollte:
- Vorgangsbeschreibung: Wie sieht das, was da vor sich geht, genau aus?
- Bericht: Was ist wann, wo und wie geschehen?

Aufgabe

84. *"The first time is the worst." Describe an occasion when you have found this to be true.*

12.3 Personenbeschreibung

Eine Personenbeschreibung (describing persons) ist die **objektive Information über eine Person.** Sie dient dazu, jemandem ein Bild von einer ihm unbekannten Person zu vermitteln. Daher konzentriert sich die Personenbeschreibung auch in erster Linie auf die Darstellung der äußeren Erscheinung sowie der Eigenarten und Eigenschaften einer Person, also Angaben über das Geschlecht, das ungefähre Alter, die Gestalt, das Gesicht, die Kleidung, auffällige äußere Kennzeichen sowie besondere Interessen, Eigenschaften und Persönlichkeitsmerkmale. Wie bei der Beschreibung allgemein müssen die einzelnen Angaben in eine sinnvolle Reihenfolge gebracht werden:
- Am besten fängt man mit allgemeinen Informationen zur Person an (Geschlecht, Alter, Beruf o. ä.),
- beschreibt dann die äußere Erscheinung (Gestalt, Kleidung, ...)
- und anschließend weitere Merkmale, die diese Person von anderen unterscheidet (Gesicht, besondere körperliche Kennzeichen, Stimme, Gesten u. ä.).
- Nach dem äußeren Erscheinungsbild wendet man sich den Interessen und Fertigkeiten der Person zu,

- um dann den Hauptteil mit den Eigenschaften und dem Charakter der Person zu beschließen.
- Im Schluss versucht man, aus einigen der besonders typischen Details zu einem Gesamteindruck zu gelangen.

Beispiel

My brother

Dennis is my elder brother so I have known him for as long as I can remember. I do not know what he was like as a baby except from photographs, because he is two years older.

Dennis is like my father in complexion, with his dark hair and blue eyes, but he has inherited my mother's physique and her small shoulders. As a result, he looks younger than he is. Since he hates this, he tries hard to build up his body. He is also fond of all kinds of outdoor activities. So he likes skiing, cycling and ball games. He doesn't spend much time at home. And once in his room, he always listens to pop music.

At first sight, he has a tough personality; but underneath he is rather gentle. Although he easily has an argument with other family members, he soon feels unhappy about it and looks for reconciliation.

All in all, Dennis is attractive and has a good sense of humour. This and the fact that he knows how to handle people will help him to go places.

Aufgabe

85. *You work for your school magazine, and every months it is your job to write an article entitled "Personality of the Month", in which you describe one student who has distinguished him-/herself in one way or another. Draw up a writing plan.*

Eine Personenbeschreibung ist mehr als nur eine Liste von Daten zu dieser Person, wie man sie z. B. bei einer Vermisstenanzeige der Polizei geben würde. Eine Personenbeschreibung muss vielmehr versuchen, ein geschlossenes Bild zu entwerfen, das dieser Person möglichst gerecht wird. Wie jedoch schon bei der Vorgangsbeschreibung ist auch hier der Grat zu einer angrenzenden Aufsatzart sehr schmal. So unterscheidet sich die Personenbeschreibung von der Personenschilderung im Wesentlichen nur durch die Haltung des Schreibers. Während bei der Personenschilderung (impressionistic description of a person) die Eindrücke und Empfindungen, die die Person beim Verfasser hervorruft, im Mittelpunkt stehen,

geht es bei der Personenbeschreibung darum, ein möglichst abgerundetes Bild von der Person zu geben.
Genaues Beobachten und ein objektiver, sachlicher Stil sind folglich Grundvoraussetzungen für eine gelungene Personenbeschreibung.
Darüberhinaus benötigt man natürlich auch einen adäquaten Wortschatz, um die gemachten Beobachtungen treffend wiederzugeben. Und genau das ist eines der Hauptprobleme, das viele Schüler bei der Personenbeschreibung haben, nämlich ihr häufig unzureichender Wortschatz, vor allem im Bereich der beschreibenden Adjektive. Daher ist es sinnvoll – als Vorübung zu Personenbeschreibungen – thematisch geeignete Wortfelder (z. B. Gesicht, Gestalt, Gesten, Kleidung, Persönlichkeitsmerkmale) zu erstellen.

Beispiel

character

general traits:	determined, emancipated, frank, gentle, reserved, self-confident, sensitive, social, ...
positive traits:	charming, fair, friendly, generous, helpful, honest, loyal, modest, patient, reliable, sincere, ...
negative traits:	arrogant, childish, cruel, curious, mean, rough, rude, sarcastic, spoilt, stubborn, wicked, ...

Aufgaben

86. *Gather adjectives which are helpful for describing a person's face and organize them in a logical order.*

87. *Write a description of a fellow student.*

Eine gute Beschreibung verlangt ein geschultes Beobachtungsvermögen, Aufmerksamkeit für Einzelheiten sowie eine treffende Ausdrucksweise, also alles Fertigkeiten, die man vor allem durch Übung erwirbt und verbessert.

13 Schilderung

Im Gegensatz zur sachlichen Beschreibung (factual description), bei der es um die genaue Information des Lesers über den jeweiligen Textgegenstand geht, steht bei der Schilderung (impressionistic essay) das **Erfahren des Textgegenstandes durch den Verfasser** im Vordergrund, also die Eindrücke, die eine Situation, eine Landschaft, ein natürlicher oder technischer Vorgang etc. auf den Schreiber machen. Es ist also bei dieser Aufsatzart die ganze Persönlichkeit des Schreibers gefordert, der das zu Schildernde mit allen Sinnen aufnehmen und ein "wahres" Bild davon "mit Worten malen" muss. Der Schreiber versucht, über die Darstellung der sachlichen Wirklichkeit hinaus, die emotionalen Verbindungen zwischen dem Objekt und ihm selbst sprachlich zu gestalten. So äußert er auch Sinneswahrnehmungen, Empfindungen und Gefühle. Diesen wechselseitigen Prozess, der sich zwischen Objekt und Betrachter beim Schildern abspielt, zeigt vereinfacht folgende Skizze:

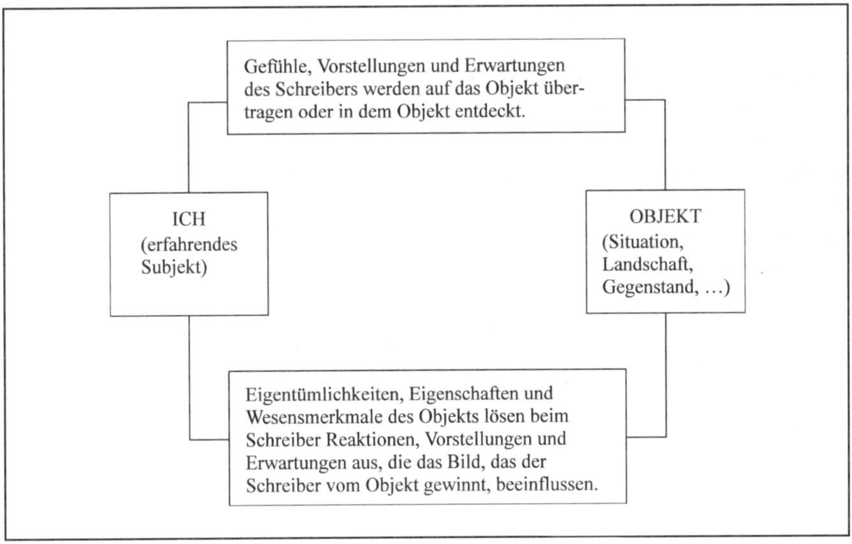

Die Skizze lässt erkennen, dass sich zwischen dem darzustellenden Textgegenstand und dem "Ich" als Betrachter und Schreiber eine gewisse emotionale Resonanz einstellt, die dann in der Schilderung konkret Gestalt annimmt.

Aufgabe

88. *Read the excerpt below and underline those expressions or phrases that are not factual but denote subjective impressions.*

(...) The Susquehanna is quiet here, reflecting the dazzling facade of a large white building, as if it wanted to draw attention to the house. There were verandas, a square tower with a shining weather-vane on the top, large windows. A statesman might live in such a place. Stone balustrated stairs lead down to a landing place and an empty boatshouse. Almost concealed by a lot of shrubs the boatshouse resembles an eerie cavern refusing to give away its hidden mysteries. (...)

Bei der Schilderung genügt es nicht, die Einzelheiten vollständig und sinnvoll geordnet aufzuführen, wie etwa bei der sachlichen Beschreibung. Vielmehr muss der **Textgegenstand als Ganzes gesehen und erlebt werden.** Daher richten sich Aufbau und Darstellung der Schilderung auch nicht nach dem Textgegenstand, sondern nach dem erlebenden Subjekt. Das gibt dem Verfasser ein großes Maß an Freiheit hinsichtlich der Wahl der Perspektive und der Reihenfolge der Einzelheiten bei der Präsentation. So kann der Verfaser von einem festen Standpunkt aus die belebte Umgebung schildern; er kann sich aber auch selbst in dieser Umgebung bewegen. Ebenso kann der Schreiber seine Eindrücke als schilderndes Ich vergegenwärtigen oder aber eine andere Perspektive wählen, soweit die jeweilige Aufgabenstellung dies zulässt.
Auch für die Anordnung der einzelnen Teile der Schilderung gibt es keine festen Vorschriften. So ist es weder notwendig noch wünschenswert, dass die Schilderung den Textgegenstand in allen Einzelheiten wiedergibt. Vielmehr sind es doch die interessanten und ungewöhnlichen Details, die den Verfasser ansprechen und beeindrucken. Die Reihenfolge der einzelnen Eindrücke ist ebenso vom Betrachter abhängig, also subjektiv und nicht einer objektiven Ordnung folgend.

Beispiel

(...) Around our house there stood little hills all tilled and tame. Yellow flame-blossoms of the whin lit bonfires all over the landscape; the whin was as persistent and as fertile as sin and disease. The sunny side of the hills was good soil and boasted some tall thorn trees, but the black side facing the north was crabbed and poverty-stricken and grew only stunted blackthorns and sorrel plants. There were no trees to speak of except the poplar and the sally; here and there a cranky old elm which had survived the crying of a cold kitchen spread about his trunk and tried to look a forest. From the tops of the little hills there spread a view right back to the days of Saint Patrick and the druids. Slieve Gullion to the north fifteen miles distant, to the west the bewitched hills and forths of Donaghmoyne; eastward one could see the distillery chimney of Dundalk sending up its prosperous smoke, or, on a very bright day, one could see the sun-dazzled tide coming in at Annagasson. To the south stood the Hill of Mullacrew where once was held a fair famous as Donnybrook and it had as many cracked skulls to its credits too. (...)[19]

Die Einleitung einer Schilderung dürfte jedoch, bedingt durch ihre Funktion als Hinführung zum Thema, in der Regel mit einer Großeinstellung oder Gesamtansicht beginnen, um dem Leser einen Orientierungsrahmen zu geben.
Zweck einer Schilderung ist es meist, eine bestimmte Stimmung oder Atmosphäre zu schaffen.

Aufgabe

89. *What kind of atmosphere is evoked in the following passage?*

The swede-field in which she and her companion were set hacking was a stretch of a hundred odd acres, in one patch, on the highest ground of the farm, rising above stony lanchets or lynchets – the outcrop of siliceous veins in the chalk formation, composed of myriads of loose white flints in bulbous, cusped, and phallic shapes. The upper half of each turnip had been eaten off by live-stock, and it was the business of the two women to grub out the lower or earthy half of the root with a hooked fork called a hacker, that it might be eaten also. Every leaf of the vegetable having already been consumed the whole field was in colour of a desolate drab; it was a complexion without features, as if a face, from chin to brown, should be only an expanse of skin, the sky wore, in another colour, the same likeness; a white vacuity of countenance with the lineaments gone. [20]

19 Kavanagh, Patrick: The Green Fool, Penguin Books, London, 1975
20 Hardy, Thomas: Tess of the D'Urbervilles, Macmillan Education Ltd., London 1975

Solch eine Stimmung oder Atmosphäre in Worten einzufangen stellt große Anforderungen an die sprachliche Ausdrucksfähigkeit. So genügt es nicht, über einen angemessenen Wortschatz und eine gewisse Treffsicherheit bei der Wahl des Ausdrucks zu verfügen, sondern man muss sich häufig noch weiterer Darstellungsmittel bedienen. So lassen sich mithilfe von sprachlichen Bildern – **Metaphern** (metaphors) und **Vergleichen** (similes) – erlebte Stimmung und Empfindungen besonders gut einfangen und an den Leser vermitteln. Denn Bilder reißen Dinge aus ihrer alltäglichen Umgebung und stellen sie in einen neuen, oft sogar ungewöhnlichen Zusammenhang und machen es dem Leser so möglich, Dinge neu zu sehen und Einblick in ihr Wesen zu gewinnen.

Beispiele

- And suddenly a murmur can be heard **like** that of bees swarming. (= simile)
- She bit into her toast **as if** it were a personal enemy. (= simile)
- The present is a freely given canvas. (= metaphor)
- A fountain of sparks shot high into the air. (= metaphor)

Aufgabe

90. *The following sentences belong to an impressionistic description of a boat trip. Try to complete the similes.*

a) Sails hang in loose bundles from their spars as the boat trudges on under engine, dragging its wake behind it like _____.

b) On consol screens radar beacons paint their warnings like _____, glowing and fading, glowing and fading.

c) The breakers all around us are as angular and grey as _____.

d) The morning watch look like _____ in their woolly sweaters and oilskins.

e) The air bites my nose like _____.

f) Taut as _____ the nylon anchor lines vibrate like _____.

So hilfreich sprachliche Bilder bei der Schilderung auch sind, so gefährlich ist ihr übermäßiger oder falscher Gebrauch. Denn zu viele Bilder führen zu einem überladenen, schwülstigen Stil, der den Leser verwirrt oder abstößt statt ihn zu fesseln. Unpassende Bilder hingegen erzeugen eine unfreiwillige Komik, die die eigentliche Stimmung oder Atmosphäre zerstört.

Ein weiteres, manchmal nützliches Mittel bei der Darstellung von Stimmungen ist die Verwendung von **Gegensätzen.** Dies gilt bereits für die Stoffsammlung. Wenn man also z. B. die Ruhe eines abgelegenen Landhauses schildern möchte und Eindrücke sammelt, kann die Vorstellung von der Betriebsamkeit in einem Kaufhaus einer Großstadt durchaus zu neuen Ideen für die Stoffsammlung führen. Aber auch in der Schilderung selbst kann ein Kontrast oder der Verweis auf das Fehlen von bestimmten Elementen oder Merkmalen die Wirksamkeit der Darstellung erhöhen.

Aufgabe

91. *Try to complete the following table of contrasts:*

busy station	**quiet cottage**
congested	
	placid
huddled	
	secluded
clamour	
commotation	
hubbub	

Wie schon die Beschreibung beruht auch eine gute Schilderung auf genauen Beobachtungen und Wahrnehmungen. Diese sind allerdings nicht nur auf den Textgegenstand gerichtet, sondern vor allem auf die Eindrücke beim Betrachter. Daher sollte man auch die ganze Vielfalt der Sinneswahrnehmungen für die Schilderung nutzen, also nicht nur das, was zu sehen oder zu hören ist, sondern auch was man fühlt, riecht oder schmeckt.
Die Schilderung ist wie eine Erlebnisdarstellung der Sinne, und zwar aller Sinne.

Aufgabe

92. *Read the passage below and find out which senses are involved.*

Heatwave

The sun hangs low on a still sky, a sky pale as faded jeans. There is only a glimmer of blue in this sky, for it has been washed out by the intensity of the sun. The asphalt has turned to gum, and the pavements glow with a dazzling brilliance that is dizzying. The air is sticky and clinging; it wraps me up like an envelope. Sweat is starting in a sheet from the whole surface of the body. Clouds of advanced decay, penetrating in the nostrils, and the taste of pavements on the lips are making me sick.

93. *Write a short description of any object or scenery you want creating an atmosphere of tranquility.*

Eine treffende Schilderung zu schreiben, also eine einmalige Stimmung oder Atmosphäre in Worte zu bannen, ist keine leichte Aufgabe; aber wenn es gelingt, dann war es die Mühen wert.

14 Charakteristik

Eine Charakteristik (characterization) ist eine **Personendarstellung, die möglichst viel vom Wesen einer Person erfassen will.** Damit setzt also die Charakteristik dort an, wo die Personenbeschreibung (vgl. Kapitel 12.3) aufhört. Ziel der Personenbeschreibung ist es nämlich, objektiv über eine Person zu informieren. Dies ist erfüllt, wenn alle sachlichen Daten und Beobachtungen zu dieser Person gesammelt, geordnet und dargestellt worden sind.

Der Charakteristik hingegen geht es um das Wesen, das hinter dieser "Abbildung" steckt. Dies zu erfassen gelingt nicht, indem man Fakten und Beobachtungen lediglich sammelt und aufführt, man muss sie auch bewerten und interpretieren. Aus dieser Tatsache ergeben sich zwei mögliche Grundsituationen.

Zum einen kann man versuchen, das Wesen einer real existierenden Person zu erfassen und darzustellen. Dies geschieht dann aber subjektiv, da der Verfasser nicht umhin kann, persönliche Wertungen und Schlussfolgerungen vorzunehmen. Das Wesen einer Person wird also dargestellt, wie der Verfasser dieses erfährt. Eine solche Darstellung ist eine "Personenschilderung".

Die andere Situation ist die Charakterisierung einer literarischen Figur, deren Darstellung in einer Textvorlage fixiert ist. Eine solche Darstellung weist einen höheren Grad an relativer Objektivität auf, da die vorgenommenen Wertungen und Schlussfolgerungen aus der Textvorlage belegt und somit nachvollziehbar gemacht werden können. Diese zweite Form der Wesensdarstellung nennt man eine "Literarische Charakteristik".

14.1 Personenschilderung

Wenn man eine Person zum ersten Mal sieht oder ihr begegnet, erhält man einen Eindruck von ihr. Dieser erste Eindruck kann bestimmt sein durch
- das Aussehen und die Gestalt,
- die Gestik und die Mimik,
- die Kleidung,
- das Auftreten und die Sprechweise,
- die Stimme,
- den Geruch

der Person oder durch ihre Handlung bzw. ihr Verhalten in einer bestimmten Situation.
Unabhängig davon, wodurch dieser erste Eindruck hervorgerufen wird, neigen wir dazu, sofort persönlich auf diesen Eindruck zu reagieren. Die Person macht also einen guten oder schlechten Eindruck auf uns. Wir finden sie sympathisch, interessant, komisch, uninteressant oder unsympathisch. Je nach Art und Intensität unserer Reaktion auf diesen ersten Eindruck empfinden wir ein mehr oder weniger starkes Verlangen, uns mit dieser Person näher und genauer zu befassen. Dieses "Sichbefassen mit einer Person" aufgrund eines starken Eindrucks, der uns dazu bringt, dass wir die Person näher **entdecken** wollen, das genau ist Gegenstand einer Personenschilderung.

Aufgabe

94. *Read the following text and answer the questions below in one sentence each.*

I saw her on the bus on the journey from school and I fell in love with her on the spot. She was standing at the rear door, dainty with a poise that singled her out from the other passengers, and a slight haughtiness in her heart-shaped face sparked off in me a notion of a brash approach, a high-handed sweeping away of all imponderables that might stand between us. The cool glance of her blue eyes, however, abruptly chilled my desire for chatting her up.

Questions:

a) What made the narrator notice the girl?

b) How did the narrator react to the girl's touch of haughtiness?

c) What prevented him from approaching her?

Ziel der Personenschilderung ist es, den **Gesamteindruck,** den die Person auf den Betrachter macht, festzuhalten. Hierbei gelten die allgemeinen Ausführungen zur Schilderung (vgl. Kapitel 13).
Allerdings kann der Prozess, der sich zwischen der darzustellenden Person und dem schildernden "Ich" abspielt, sehr vielfältig und komplex ablaufen, da es sich hier um die Entwicklung von Beziehungen zwischen zwei individuellen Persönlichkeiten handelt. Es geht ja bei der Personenschilderung nicht nur darum, darzustellen, ob man sich von der Person angezogen fühlt oder ob sie einem gleichgültig oder sogar unsympathisch ist. Man muss viel stärker differenzieren und dabei nicht nur die eigenen Reaktionen berücksichtigen, sondern auch das schildern, was diese Reaktionen ausgelöst hat.
Ein englischer Schriftsteller hat einmal gesagt: "The most important ingredient in how much we *like* a stranger when we first encounter him is how much he seems to be *like* us." Wir neigen also dazu, uns von Leuten persönlich angezogen zu fühlen, die uns ähnlich sind, und zwar besonders in den Merkmalen, auf die wir stolz sind. Wir fühlen uns wohl im Umgang mit Leuten z. B. unseres Alters, unserer sozialen Schicht, unserer Art sich zu kleiden, unserer Einstellungen zur Politik oder Umwelt etc. Umgekehrt fühlen wir uns unwohl unter Leuten, die völlig anders sind als wir.

Aufgabe

95. *Write down a list of traits and attitudes that could make you like a person.*

Jedoch kommt es auch vor, dass sich Gegensätze anziehen. Denn obwohl wir dazu neigen, Personen, die uns ähnlich sind, sympathisch zu finden, langweilen sie uns oft auch ein bisschen. Es ist das Fremde, nicht das Vertraute, das uns neugierig werden lässt. So würde sich ein ungewohnter Eindruck als Einstieg in eine Personenschilderung gut eignen, da so das Interesse des Betrachters an der Person glaubhaft wirkt.
Ansonsten ist der Aufbau der Personenschilderung sowie auch die Anordnung der einzelnen Wahrnehmungen und Eindrücke frei gestaltbar im Rahmen der Aufgabenstellung. Man kann also z. B. mit einem Gesamteindruck von der Person beginnen, um dann über die Darstellung der Einzelheiten zu einer Schlussfolgerung zu gelangen oder ebenso umgekehrt verfahren.

Aufgabe

96. *Try to complete the following introduction to the impressionistic description of a 79-year-old British pediatrician.*

Meeting him I expected to find a senile, frail person whom I would have to help across streets. Instead, I sat amazed ...

Bevor man mit der Ausführung der Personenschilderung beginnt, sollte man sich noch einer weiteren Eigenart bewusst werden, die das Kennenlernen von Personen häufig beeinflusst. Denn sobald wir einer fremden Person begegnen, versuchen wir, sie sofort aufgrund typischer Merkmale in eine Gruppe einzuordnen. Haben wir diese Zuordnung getroffen, gehen wir davon aus, dass diese Person natürlich auch all die anderen Attribute hat, die wir mit dieser Gruppe verbinden.

Beispiele

- Blacks usually have dark skin, full lips, and wide noses, and, in America, have commonly had some experience with racial discrimination;
- Redheads usually freckle and turn bright red when they blush or get angry;
- Little children are likely to fidget, to say embarrassing things, to wander off, to misunderstand or ignore instructions.

Aufgabe

97. *What stereotype does the following brief description of an old man rely on?*

The old man was wearing a suit that might have been classy twenty years ago when it was new, when it was worn by somebody with a body large enough to fill it. On this man it hung so long and loose that the pants bagged at the ankle and scuffed along the sidewalk, and the sleeves came down so low that his hands and the neck of his wine bottle were invisible.

Entspricht eine Person einem bestimmten Typus (stereotype), so glauben wir, sie zu erkennen, und wir sind an weiteren Einzelheiten meist nicht sonderlich interessiert. Abweichungen von einem festen Typ hingegen machen uns neugierig und wir wollen mehr über diese Person erfahren. Dies sollte man sich zunutze machen, um das Interesse des Lesers an der Personenschilderung aufrecht zu erhalten.

Bei der Ausführung der Schilderung stehen zwei grundsätzliche Techniken zur Verfügung. Man kann die Person direkt schildern (direct characterization), indem man einfach benennt, wie man die Person sieht und empfindet.

Beispiel

> Andy is a gentle, affectionate young boy of sixteen, but very lazy. His tall head is pointed at the top, and from its peak, coarse black hair grow down like a thatch all around ...

Man kann sich aber als Betrachter auch selbst zurücknehmen und seine eigenen Eindrücke, Empfindungen und Urteile indirekt mitteilen (indirect characterization), indem man die Person "sich selbst präsentieren" lässt. Hierbei wird die Person geschildert dadurch, wie sie sich verhält, was sie tut und wie sie es tut, was sie sagt und wie sie es sagt etc.

Beispiel

> "You damned floozie!" he shouted and hit her once, twice across the head, and knocked her against the wall.

Jähzorn und Brutalität der geschilderten Person werden hier nicht vom Schreiber benannt, sondern indirekt durch das Verhalten der Person dem Leser vermittelt.
Während beim direkten Schildern der Betrachter im Vordergrund steht, was durchaus angebracht ist, wenn es um seine Eindrücke und Empfindungen geht, tritt beim indirekten Schildern der Betrachter in den Hintergrund und lässt den Leser die Person selbst erleben.
Beide Techniken haben in der Personenschilderung also ihre Berechtigung und man sollte sie, je nach dem, was man beim Leser gerade bewirken will, bewusst und planvoll einsetzen.

Aufgabe

98. *Read the text below. Which elements of direct and indirect characterization can you identify?*

I was seven when I first met my grandmother. She came into the house from the garden of pines and camellias, walking with the bizarre gait of a woman with bound feet. She was wearing a long, grey silk Mandarin robe, and a pair of round, horn-rimmed glasses, and around her head was tied a band of black silk with a piece of bright green jade in the middle. She moved quickly to embrace my father, who was kneeling to greet her after our four-year absence, and broke into a long piercing wail. Having just returned to China from Rome, I was both terrified and fascinated by her incredibly small bound feet. The earthen house, the heavy, crude furniture, her wailing, and the strange musky smell which issued from her robes held me spellbound.[21]

Da eine Personenschilderung nicht die Person objektiv beschreibt, sondern darstellt, wie der Betrachter diese Person sieht, erlebt und beurteilt, ist der Verfasser hinsichtlich der Darstellung auch an keine Richtlinien gebunden.
Eine letzte Empfehlung sollte man jedoch beherzigen. Die Schilderung, wie man die Person erlebt, darf nicht in eine Erlebniserzählung abdriften, sondern muss immer versuchen, dem Leser einen Gesamteindruck der Persönlichkeit dieser Person zu vermitteln.

Aufgabe

99. *"My Grandfather". – Write an impressionistic description.*

Wenn man noch ungeübt in der Schilderung von Personen ist, kann es hilfreich sein, die Personendarstellung in literarischen Werken zu studieren und dort nach Anregungen zu suchen.

14.2 Literarische Charakteristik

Versucht die Persönlichkeitsschilderung aus subjektiven Wahrnehmungen und Eindrücken die Persönlichkeit eines Menschen zu gestalten, so ist die literarische Charakteristik (literary character analysis) die **objektive Analyse einer literarischen Person** – also einer fiktiven Figur – und die Darstellung der Ergebnisse dieser Analyse. Grundlage für diese Analyse ist eine Textvorlage – eine Kurzgeschichte, ein Roman oder ein Drama.
Im Englischunterricht der Oberstufe wird diese Aufsatzform vorwiegend im Rahmen der Besprechung eines literarischen Textes verlangt. Das heißt, dass die

21 Hsu Hsiao-Hu: My Chinese Grandmother, Reader's Digest, November 1975

Untersuchung der Figurendarstellung nur einen von mehreren Aspekten der betreffenden Unterrichtseinheit darstellt und damit der Erwerb der Textkenntnis sowie die Erarbeitung des Textverständnisses nicht nur im Hinblick auf eine Figur und deren Gestaltung erfolgen.
Da sowohl das Vorgehen bei der Textuntersuchung als auch der Schreibplan und die Ausführung von dem jeweiligen Thema und den Arbeitsaufträgen abhängen, besteht der erste Arbeitsschritt für eine literarische Charakteristik in der genauen Untersuchung der Aufgabenstellung. Dabei sollten auch folgende Fragen geklärt werden:

- Was genau ist der Gegenstand der Charakteristik:
  eine Einzelfigur / nur ein bestimmter Aspekt einer Einzelfigur / ein kontrastiver Vergleich zweier Figuren / eine Figurengruppe etc.?
- Geht es um ein Bild der Figur oder um ihre Entwicklung?
- Was ist die genaue Grundlage:
  der Gesamttext / bestimmte Ausschnitte?

Hat man Thema und Aufgabenstellung erfasst, folgt die Textuntersuchung und damit die Sammlung von Material. Da es sich bei literarischen Figuren um fiktive – also erdichtete – Existenzen handelt, sind alle Elemente der Figur auch ausschließlich in der Textvorlage zu finden. Bei der Textuntersuchung ist vor allem darauf zu achten, wie der Autor die Figur gestaltet, wie er also möchte, dass der Leser sie sieht. Dazu muss man die direkte wie die indirekte Charakterisierung der Figur durch den Autor untersuchen[22] und aus den Ergebnissen eine Materialsammlung erstellen. Dabei empfiehlt es sich, einzelne Beobachtungsfelder zu unterscheiden:

- **äußere Merkmale:** z. B. Lebensdaten, Herkunft, Aussehen, Gang, Kleidung, Verhalten, Gewohnheiten
- **innere Merkmale:** z. B. Wesen, Denkweisen, Begabungen, Eigenschaften, Empfindungen, Einstellungen, Ziele, Erfahrungen
- **Stellung der Figur:** z. B. Milieu, sozialer Rang, Ansehen, Beziehungen zu anderen Figuren, allgemeine Verhältnisse
- **Funktion im Text:** z. B. Hauptfigur, Held, Gegenspieler, Kontrastfigur, Repräsentant einer bestimmten Idee/Zeit oder Haltung

Man kann seine Ergebnisse in der Textvorlage markieren oder aber unter bestimmten Überschriften auf Karteikarten oder eigenen Blättern sammeln. In jedem Fall sollte man sich jedoch die jeweiligen Fundstellen notieren, damit man sich in der Ausführung auf sie beziehen kann.

22 vergl. Abitur Training, Englisch – Grundlagen der Textarbeit, Stark Verlag, Titel-Nr. 94464 S. 92 f./S. 112 f.

Bei längeren Textvorlagen ist ein vorbereitetes Ergebnisblatt oft hilfreich.

Beispiel

Textstelle	Merkmal in Stichworten	Anmerkungen
1. äußere Merkmale p. 16/l. 10 ff. p. 17/l. 1 ff. etc.	delicate figure / rather large head / hair brushed back/ large mouth / cheeks lean and furrowed /	head-to-toe description further details see p. 17
2. innere Merkmale p. 27 ff. etc.	habits: drums on the table attitude: self-deprecating humour	indirect description / dialogue with Nora / scene in the restaurant
3. Stellung p. 28–29 etc.	good reputation well-off	for "network" cf. p. 132
4. Funktion pp. 31/56 ff./78/ 129 etc.	protagonist developing	cuts lose from his old role / great parts of the novel consist of the search for a new one

Aufgabe

100. *Read the following excerpts from "Bleak House" by Charles Dickens and gather material for a character analysis of Richard Carstone.*

a) (...) 'So I apprehend it's pretty clear,' said Richard to me, 'that I shall have to work my own way. Never mind! Plenty of people have had to do that before now, and have done it. I only wish I had the command of a clipping privateer, to begin with, and I could carry off the Chancellor and keep him on short allowance until he gave judgement in our cause. He'd find himself growing thin, if he didn't look sharp.'
With a buoyancy and hopefulness and a gaiety that hardly ever flagged, Richard had a carelessness in his character that quite perplexed me – principally because he mistook it, in such a very odd way, for prudence. It entered into all calculations about money, in a singular manner, which I don't think I can better explain than by reverting for a moment to our loan to Mr Skimpole.

Mr Jarndyce had ascertained the amount (...) and placed the money in my hands with instructions to me to retain my own part of it and hand the rest to Richard. The number of little acts of thoughtless expenditure which Richard justified by the recovery of his ten pounds, and the number of times he talked to me as if he had saved or realized that amount, would form a sum in simple addition.

'My prudent Mother Hubbard, why not?' he said to me, when he wanted, without least consideration, to bestow five pounds on the brickmaker. 'I made ten pounds, clear, out of Coavinses' business.'

'How was that?' said I.

'Why, I got rid of ten pounds which I was quite content to get rid of, and never expected to see anymore. You don't deny that?'

'No,' said I.

'Very well! then I came into possession of ten pounds.'

'The same ten pounds,' I hinted.

'That has nothing to do with it!' returned Richard. 'I have got ten pounds more than I expected to have and consequently I can afford to spend it without being particular.' (...)[23]

b) *(...) We held many consultations about what Richard was to be; (...) When Mr Jarndyce doubted whether he might not already be too old to enter the Navy, Richard said he had thought of that, and perhaps he was. When Mr Jarndyce asked him what he thought of the Army, Richard said he had thought of that, too, and it wasn't a bad idea. When Mr Jarndyce advised him to try and decide himself, whether his old preference for the sea was an ordinary boyish inclination, or a strong impulse, Richard answered, Well he really had tried very often, and he couldn't make out. (...)*

'I haven't the least idea,' said Richard musing, 'what I had better be. Except that I am quite sure I don't want to go into the Church, it's a toss-up.'

'You have no inclination in Mr Kenge's way?' suggested Mr Jarndyce.

'I don't know that sir!' replied Richard. 'I am fond of boating. Articled clerks go a good deal on the water. It's a capital profession!'

'Surgeon –' suggested Mr Jarndyce.

'That's the thing, sir,' cried Richard.

I doubt if he ever once thought of it before.

'That's the thing sir;' repeated Richard with greatest enthusiasm. (...) He

23 Dickens, Charles: Bleak House, Penguin, Harmondsworth, 1971, chapter IX

said he had chosen his profession, and the more he thought of it, the more he felt that his destiny was clear; the art of healing was the art of all others for him. Mistrusting that he only came to this conclusion, because, having never had much chance of finding out for himself what he was fitted for, and having never been guided to the discovery, he was taken by the newest idea, and was glad to get rid of the trouble of consideration. I wondered whether the Latin Verses often ended in this, or whether Richard's was a solitary case.

Mr Jarndyce took great pains to talk with him seriously, and to put it to his good sense not to deceive himself in so important a matter. Richard was a little grave after these interviews; but invariably told Ada and me 'that it was all right,' and then began to talk about something else. (...)[24]

c) *(...) 'And if the suit should make us rich, Esther – which it may, you know!' said Richard, to crown all. A shade crossed Ada's face.*

'My dearest Ada,' asked Richard, 'why not?'

'It had better declare us poor at once,' said Ada.

'O! I don't know about that,' returned Richard; 'but, at all events, it won't declare anything at once. It hasn't declared anything in Heaven knows how many years.'

'Too true,' said Ada.

'Yes, but,' urged Richard, answering what her look suggested rather than her words, 'the longer it goes on, dear cousin, the nearer it must be to a settlement one way or other. Now, is not that reasonable?'

'You know best, Richard. But I am afraid if we trust to it, it will make us unhappy.'

'But, my Ada, we are not going to trust it!' cried Richard gaily. 'We know it better than to trust it. We only say that if it should make us rich, we have no constitutional objection to being rich. The Court is, by solemn settlement of law, our grim old guardian, and we are to suppose that what it gives us (when it gives us anything) is our right.'

'No,' said Ada, 'but it may be better to forget all about it.'

'Well, well!' cried Richard, 'then we will forget all about it! We consign the whole thing to oblivion. Dame Durden puts on her approving face, and it's done!' (...)

24 Dickens, Charles: Bleak House, Penguin, Harmondsworth, 1971, chapter XIII

So, Richard said there was an end of it – and immediately began, on no other foundation, to build castles in the air as would man the great wall of China. He went in high spirits. Ada and I, prepared to miss him very much, commenced our quiet career. (...)[25]

Nach der Textanalyse und Materialsammlung geht es um die Vorbereitung der Ausformulierung. Dabei muss entschieden werden, welche der Ergebnisse für die schriftliche Darstellung verwendet werden und in welcher Form dies geschieht. In der Regel ist es nicht sinnvoll, dabei einem festen Schema zu folgen. Vielmehr richten sich Aufbau und Ausführung nach den Ergebnissen der Textanalyse sowie nach dem Ziel der literarischen Charakteristik, nämlich dem Leser ein Gesamtbild der betreffenden literarischen Figur zu vermitteln. Dazu entwirft man einen Schreibplan, der unterschiedlich aussehen kann. So kann man im Hauptteil zum Beispiel ...

- sich der Figur wie mit einer Kamera nähern: zuerst die Umrisse schildern, dann die körperlichen Details, die Gestik und schließlich die Mimik. Der Beschreibung der Einstellungen und Verhaltensweisen folgen die Beziehung zur Umgebung sowie die Funktionen, die die Figur in dem literarischen Werk erfüllt;
- mit einem wörtlichen Zitat aus einer charakteristischen Textstelle beginnend einen groben Entwurf der Figur liefern und diesen dann nach und nach durch weitere Analyseergebnisse zu einem genauen Bild ergänzen und verfeinern;
- einen Ersteindruck, den die Figur auf den Verfaser oder auf eine andere Figur des Werkes gemacht hat, schildern und diesen dann vertiefen oder auch korrigieren;
- ausgehend von einer wichtigen Gegenfigur oder einer allgemeinen Vorstellung eines bestimmten Typs die Figur kontrastiv entwickeln.

Aufgabe

101. *Arrange the following list of findings in a sensible order and design a writing plan for the main body of a character analysis of Jay Gatsby (The Great Gatsby, by F. Scott Fitzgerald).*

- *formal pose = arm outstretched against background of light and shade emphasizing solitude and isolation (cf. pp. 25, 51, 147, ...)*

25 Dickens, Charles: Bleak House, Penguin, Harmondsworth, 1971, chapter XIV

- *invented autobiography: unclear past; rumour: "they say Gatsby is a nephew of Kaiser Wilhelm" (p. 35); "somebody told me he has killed a man, or been a German spy or been in the American army, ..." (p. 45);*
- *totally presented through the medium of Nick's oscillating responses to him: "young men didn't (...) drift coolly out of nowhere and buy a palace on Long Island Sound." (p. 50);*
- *Gatsby's business affairs not specified in details; stories of inherited money (pp. 64 and 87), lost in the panic of war, of drug business and later of oil business (p. 87);*
- *ambivalent: two figures, a figure of rare charm as long as you accept his romantic image of himself and the other figure an uncultured young man who adopts a stiffly formal manner to conceal his social deficiencies (p. 49);*
- *socially a nouveau riche, who has bought himself into a wealthy neighbourhood;*
- *his wealth is not an end but a means to fulfil his dream;*
- *Daisy = the incarnation of his dream, the king's daughter, the golden girl;*
- *Gatsby's display of wealth = one aspect of the image of himself Gatsby is eager to show;*
- *his behaviour is composed of different poses which are supposed to hide something;*
- *his invented identity consists of clichés from sentimental romances;*
- *as the guests leave the party "a sudden emptiness seemed to flow now from the windows and the great doors, endowing with complete isolation the figure of the host, ... "(p. 56);*
- *"his style of dress which proclaims his wealth" (cf. pp. 63, 89, 94–95, ...)*
- *Gatsby's huge and ostentatious yellow car (pp. 63, 66, 115, ...)*
- *the dream – though only a dead dream now (p. 128) – determines Gatsby's identity by its hold over him while he waits outside Daisy's window for a signal: thus he remains the faithful lover;*
- *Daisy not interested in Gatsby's wealth = part of his tragedy;*
- *Gatsby's whole quest for Daisy has been an illusion;*
- *Gatsby = "common swindler who'd have to steal the ring he put on her finger." (p- 127)*
- *"when Gatsby is dead 'he lay in his house (...) it grew upon me that I was responsible, because no one else was interested" (p. 156)*

- *Gatsby's love for Daisy is more than personal; it is a passion permeating his entire life as well as his self-image;*
- *Gatsby is a sacrificial victim of society.*

Der **Hauptteil** einer literarischen Charakteristik gehört ganz **der Schilderung der betreffenden Figur. Einleitung und Schluss** hingegen haben, wie bei anderen Aufsatzformen auch, die Aufgabe den Leser **zum eigentlichen Untersuchungsgegenstand hinzuführen,** bzw. die **wichtigsten Ergebnisse zusammenzufassen** und den Blick über die Figur hinaus ins Allgemeine zu öffnen.
Um den Leser zur Figurenschilderung hinzuführen, könnte die Einleitung zum Beispiel ...

- den Handlungsraum, in welchem die Figur existiert, vorstellen,
- den Leser über die Problematik in dem betreffenden literarischen Werk informieren,
- auf die Bedeutung, die die Figur für das Geschehen und seinen Ablauf in dem Werk hat, hinweisen.

Im Schluss einer literarischen Charakteristik ist es möglich, zum Beispiel ...

- die allgemeine Figurendarstellung in dem betreffenden Werk zu kommentieren,
- die Figur mit einer bekannten Figur eines anderen Werks desselben oder eines anderen Autors vergleichen,
- auf eine mögliche Bedeutung der Figur hinweisen, welche über die fiktive Welt hinausreicht,
- darüber zu reflektieren, wie die Figur – herausgelöst aus ihrer fiktiven Umgebung – in der heutigen realen Welt bestehen könnte.

Alle diese Möglichkeiten zur Gestaltung einer literarischen Charakteristik sind lediglich als Anregungen zu verstehen, da die Gestaltung im konkreten Fall wesentlich von der jeweiligen Aufgabenstellung sowie den Ergebnissen der Textanalyse abhängt.
Unabhängig von der einzelnen Aufgabenstellung gilt jedoch für die Ausführung einer literarischen Charakteristik ganz allgemein, dass die Darstellung in sachlich-distanzierter Sprache erfolgt und durch möglichst viele Belege aus dem Text gestützt wird. Die Beweiskraft und Anschaulichkeit erhöht sich, wenn man unmittelbar aus dem Text zitiert. Dabei dürfen wörtliche Zitate in Wortlaut, Syntax und Zeichensetzung nicht verändert werden. Nur Auslassungen sind zulässig und werden durch drei Punkte in Klammern gekennzeichnet.

Beispiele

- "You loved me too?" he repeated. (p. 126)
- "They are a rotten crowd (...) You're worth the whole damn bunch put together." (p. 146)

Die Fundstelle des Zitats – Seite, gegebenenfalls auch Zeile oder Vers – muss stets angegeben werden. Dies gilt auch, wenn man eine Textstelle in indirekter Rede – also ein nichtwörtliches Zitat – in die eigenen Ausführungen einfügt.

Beispiele

- Nick acknowledged to himself the shady nature of Gatsby's business connections (p. 128)
- Daisy said that she had never loved him. (p. 105)

Die Verwendung von Zitaten sollte allerdings stets planvoll und überlegt geschehen, denn Zitate, vor allem wörtliche Zitate, machen nur dann Sinn, wenn sie die Charakteristik der Figur wesentlich veranschaulichen. Außerdem besteht bei einer Überfülle von Zitaten die Gefahr, dass ihre Wirksamkeit gemindert wird, da zu viele Zitate die gedankliche und sprachliche Leistung des Verfassers der Charakteristik immer wieder unterbrechen.

Aufgabe

102. *Choose a character of a novel or a play you have recently read and write a literary analysis.*

Um Sicherheit und Selbstvertrauen beim Schreiben einer literarischen Charakteristik zu gewinnen, sollte man diese Aufsatzform hin und wieder trainieren. Auf Themen für Übungsaufsätze wird an dieser Stelle jedoch verzichtet, da es sehr zeitraubend ist, sich für jedes Thema erst die notwendige Textgrundlage zu erarbeiten. Es empfiehlt sich daher, die Gelegenheiten zu nutzen, die sich bei Besprechungen literarischer Werke im Unterricht bieten.

15 Stellungnahme

Die schriftliche Stellungnahme (personal comment) ist eine der wichtigsten Aufsatzformen im Englischunterricht der Oberstufe, da sie nicht nur im Unterricht selbst verlangt wird, sondern auch häufig einen wesentlichen Bestandteil einer Textaufgabe bei Klausuren und bei der schriftlichen Abiturprüfung bildet.
Bei der Stellungnahme wird von den Schülern erwartet, dass sie ihre **persönliche Meinung zu** einem benannten **Problem darlegen und begründen.**
Woran erkennt man nun bei einer Textaufgabe, dass eine Stellungnahme verlangt wird? Man erkennt dies in der Aufgabenstellung. Entweder wird dieser Arbeitsauftrag explizit benannt "Write a personal comment on one of the following topics." oder Phrasen wie z. B. "What do you think ...", "What, in your opinion, ..." weisen implizit auf eine Stellungnahme hin.
Das Problem, zu dem man Stellung beziehen soll, muss aus dem Thema erschlossen werden, das in Form einer Behauptung oder einer Frage in der Aufgabenstellung erscheint. Meist steht das Thema in Beziehung zu dem Text der jeweiligen Textaufgabe, wird also dort häufig schon umrissen und andiskutiert. Dies heißt jedoch nicht unbedingt, dass man die Argumente aus diesem Text nehmen sollte.
Das Ziel der Stellungnahme ist es, den Leser von der Richtigkeit der dargelegten Meinung zu überzeugen, indem man aufzeigt, aufgrund welcher Überlegungen und Fakten man zu dieser Meinung gelangt ist. Im Rahmen einer Klausur oder Prüfung geht es für die Schüler jedoch noch zusätzlich darum, ihre Fähigkeiten nachzuweisen

- den Kern des Themas genau zu erfassen,
- sich eine fundierte Meinung zu bilden,
- diese Meinung logisch stringent und nachvollziehbar darzustellen sowie
- sich in der Fremdsprache angemessen, klar und verständlich auszudrücken.

Um diese Ziele möglichst erfolgreich zu realisieren, bedarf es einer planvollen und überlegten Vorgehensweise. Vor allem muss man darauf achten, dass man den Kern des Themas wirklich trifft. Deshalb sollte man die Aufgabenstellung bzw. das Thema in jedem Fall, also auch wenn es auf den ersten Blick einfach erscheint, sorgfältig analysieren.

Die Aufgabenstellung besteht üblicherweise aus zwei Teilen: dem Arbeitsauftrag und dem Thema. Dabei bestimmt der Arbeitsauftrag die Aufsatzform – hier also die Stellungnahme – sowie deren Ausführung und Umfang. Das könnte bei einer Textaufgabe folgendermaßen aussehen:

- "Write a personal comment (about 120 words) on ..."
- "State your personal opinion on ..."
- "What do you think about ..."
- "Do you agree that ...?"

Das Thema benennt das Problem, zu dem Stellung bezogen werden soll, und bestimmt so den Inhalt der Ausführung. In Textaufgaben findet man die Themenstellung häufig in Form eines Zitats oder einer Frage. Beide Teile der Aufgabenstellung – Arbeitsauftrag und Themenstellung – können auch in einem einzigen Satz vereint sein.

Beispiele

- "Housework should be paid for by the state." *Do you agree?*
- Is capital punishment, to your mind, the right way of dealing with terrorism?
- "The society has a right to stop drug taking." *State your opinion.*
- Do you think that drugs should be legalized?

Aufgabe

103. *In which of the following assignments are you expected to write a comment?*

a) To what extent can education help to overcome the problems between majorities and racial or national minorities?

b) Does energy shortage necessarily impair the quality of holidays?

c) Some people claim that borrowing and lending money are always unwise. Give your opinion.

d) Is a politically and economically Europe, to your mind, desirable?

e) The affluent society: positive and negative aspects today.

f) Do you agree that "people do not have a constitutional right to get informed about every detail of political affairs"?

Hat man den Arbeitsauftrag eindeutig als Verfassen einer Stellungnahme identifiziert, so sollte man das Thema erschließen. Dabei werden zuerst die **Schlüsselbegriffe** untersucht sowie ihre Bedeutung festgestellt. Anschließend ermittelt man die Beziehungen dieser Schlüsselbegriffe untereinander.

Beispiel

"Men's Lib is just as necessary as 'Women's Lib'."

Die Schlüsselbegriffe bei diesem Thema sind
- *Men's liberation* = Emanzipationsbewegung des Mannes
- *necessary* = erforderlich, notwendig
- *Women's Lib* = Frauenemanzipationsbewegung

Eine Untersuchung der Beziehung der Schlüsselbegriffe untereinander ergibt, dass sie Teile eines Vergleichs sind – erkennbar an dem Verweiselement *"just as ... as"* – bei dem
- *Men's Lib* als Subjekt der Begriff ist, auf den sich die gemachte Aussage bezieht,
- *necessary* als Prädikatsergänzung das ist, was ausgesagt wird und
- *Women's Lib* als Objekt im Vergleich als Vergleichsgröße dient.

Diese Erkenntnisse führen zu folgender Eingrenzung: Gegenstand der Stellungnahme ist also *"Men's Lib"*, jedoch nicht allgemein, sondern nur was ihre Notwendigkeit anbelangt. Diese Notwendigkeit wird wiederum eingegrenzt durch die Gleichsetzung mit der Notwendigkeit von *"Women's Lib"*.

Durch diese Eingrenzung ist der Kern des Themas bestimmt und der Inhalt der Stellungnahme festgelegt. Als Vorbereitung für die weiteren Schritte empfiehlt es sich, das Thema in eine Entscheidungsfrage, also eine Frage, die mit "ja" oder "nein" beantwortet wird, umzuwandeln. Im Falle unseres Beispiels ist das einfach *"Is Men's Lib as necessary as Women's Lib?"* Diese Umwandlung sollte auch bei längeren und komplexeren Themenstellungen vollzogen werden, da sie direkt zu den Entscheidungsmöglichkeiten führt.

Aufgabe

104. *Transform each of the following topics into a yes-/no-question.*

a) Country life is less impersonal than town life. Do you agree with this statement?

b) What do you think about the so-called "adventure-holidays" offered by some travel agencies?

c) *Do you think that we ever really learn from our mistakes?*
d) *Advertising is one of the most unpleasant features of modern life. State your opinion.*
e) *State your view on the taxation system that operates in your country.*

Als Reaktion auf die Themenfrage – also die Umwandlung des Themas in eine Entscheidungsfrage – ergeben sich folgende Entscheidungsmöglichkeiten:
1. Themenaussage = Meinung → Zustimmung
2. Themenaussage ≠ Meinung → Ablehnung
3. Themenaussage ∩ Meinung → teilweise Zustimmung bzw. Ablehnung

Nun schreibt man auf ein gesondertes Blatt, getrennt nach Zustimmung und Ablehnung, alle Argumente, die einem spontan einfallen.
Wenn die **Stoffsammlung** abgeschlossen ist, prüft man die Argumente auf ihre Stichhaltigkeit und stellt fest, welche Argumente man mit Fakten belegen bzw. durch ein Beispiel veranschaulichen kann. Anschließend entscheidet man sich, welchen Standpunkt man einnehmen möchte. Dabei sollte man nicht nur die spontane persönliche Einstellung berücksichtigen – vor allem, wenn sie auf Gefühlen basiert –, sondern auch die Stichhaltigkeit sowie die Belegbarkeit der vorhandenen Argumente.

Aufgabe

105. *Analyse carefully the topic below. Then gather ideas and write a list of pros and cons.*

Write a personal comment (about 150 words)
If you were living in Britain and were given the choice (and the money), would you send your child to a public school? Give reasons for your decision and make use of your knowledge about the British educational system.

Nach der Entscheidung darüber, welchen Standpunkt man zu dem Kern des Themas beziehen möchte, wählt man die überzeugendsten Argumente dazu aus – bei einer Textaufgabe reichen in der Regel zwei Argumente –, die man dann in einer sinnvollen Reihung anordnet. Dabei kann man die Argumente nach dem Grad ihrer Überzeugungskraft anordnen oder man bestimmt die Reihenfolge danach, wie sich die Argumente besser gedanklich verknüpfen lassen. Dies muss man im Einzelfall durch Umstellen der Argumente selbst ausprobieren.

Mit der Auswahl und Anordnung der Argumente ist der Aufbau der Stellungnahme grundsätzlich bereits festgelegt, denn Einleitungssatz (topic sentence) und Schlussfolgerung (conclusion) folgen in der Regel einer allgemeinen Konvention: So enthält der Einleitungssatz den expliziten Bezug zum Kern des Themas sowie die unmissverständliche Benennung des bezogenen Standpunktes. Der Schlusssatz rundet die Stellungnahme ab, indem er auf die im Einleitungssatz bezogene Stellung zurückverweist.

Beispiel

Many people believe that rudeness is on the rise. Do you think manners are, in fact, getting worse? (= Thema)

I personally object to the idea of rudeness being a distinctive quality of our time, since ... (= Einleitung)

Therefore I think that people today do not behave more rudely than our ancestors did. (= Schlussfolgerung)

Aus den Argumenten zusammen mit Einleitungs- und Schlusssatz lässt sich der folgende Schreibplan verallgemeinern:

Schreibplan: Stellungnahme (comment)

Einleitung	Bezug zum Thema und Meinungsäußerung
Hauptteil	Entwicklung des 1. Arguments (gegebenenfalls mit Beleg oder Beispiel) Entwicklung des 2. Arguments
Schluss	Meinungsäußerung als Schlussfolgerung aus der Argumentation, die zum Einleitungssatz zurückführt

Aufgabe

106. *Take your list of pros and cons of exercise 105 and design a writing plan for your comment.*

Wenn man wie oben dargestellt vorgegangen ist und zudem überprüft hat, ob Meinungsäußerung und Begründung tatsächlich den Kern des Themas treffen, dann kann man sich bei der Ausführung ganz auf Stil, sprachlichen Ausdruck und sprachliche Geschlossenheit konzentrieren. Vor allem muss man sicherstellen, dass die Ausführung verständlich und im Ausdruck eindeutig sowie treffend formuliert wird. Häufig neigen Schüler dazu, bei komplizierten Sachverhalten schwierige Ausdrücke und komplexe Satzgefüge zu verwenden, was bei nicht ganz sicherer Beherrschung der Fremdsprache schnell zu Unklarheiten und Missverständnissen führt. Daher sollte grundsätzlich gelten: Je komplizierter der Sachverhalt, desto einfacher die Ausdrucksweise.
Auch auf die sprachliche Geschlossenheit der Ausführung ist besonders zu achten. Die einzelnen Sätze müssen also so miteinander verknüpft werden, dass der Gedankengang nachvollziehbar zum Ausdruck kommt.

Hilfreiche Ausdrücke und Wendungen

Einstieg:
- Personally, I think/feel ...
- In my opinion ...
- I object to ...
- To my mind ...

Entwicklung:
- First of all .../Furthermore ...
- To begin with .../Next ...
- One reason for this .../Another reason ....
- Likewise it must be mentioned ..
- And above all ...
- This can be seen .../So, for instance, ...

Schluss:
- In a word ...
- To conclude ...
- As a result ...
- Consequently ...

Bei einer Textaufgabe im Rahmen einer Klausur oder Prüfung stellt man abschließend noch die ungefähre Wortzahl der Arbeit fest, denn die in der Aufgabenstellung vorgegebene Richtzahl sollte nicht wesentlich über- oder unterschritten werden. Als tolerierbar gilt in der Regel eine Über- oder Unterschreitung der Richtzahl um 10 %. Geringe Abweichungen kann man im Bereich der sprachlichen Ausführung durch Umformulierungen oder Verkürzungen der einzelnen Aussagen ändern. Die Korrektur größerer Abweichungen erfordert das Streichen oder Hinzufügen von inhaltlichen Teilen, z. B. eines veranschaulichenden Beispiels oder gegebenenfalls eines vollständigen Arguments.

Aufgabe

107. *Write a personal comment. Make use of your findings in exercises 105 and 106.*

If you were living in Britain and were given the choice (and the money), would you send your child to a public school? Give reasons for your decision and make use of your knowledge about the British educational system.

16 Erörterung

Die Erörterung (discursive essay) ist die **gedankliche Auseinandersetzung mit einer Sach- und/oder Wertfrage** sowie – im Rahmen der schriftlichen Ausführung – die Darlegung der Problemstellung, der Urteile und etwaiger Lösungsvorschläge.

Die Erörterung kann **textbezogen** sein, also die kritische Auseinandersetzung mit einem Text verlangen oder aber **textunabhängig,** d. h. das zu diskutierende Problem wird im Thema lediglich benannt.

Bei der Bearbeitung eines Themas in Form der Erörterung sollten folgende Anforderungen besonders beachtet werden:

- differenziertes, kritisches Denken,
- folgerichtige Entwicklung der Gedanken,
- eindeutige und nachvollziehbare Darstellung dieser Entwicklung,
- eigene Urteile,
- inhaltliche Ausgewogenheit,
- übersichtliche Gliederung,
- sichere und treffende sprachliche Gestaltung.

Das methodische Vorgehen beim Schreiben einer Erörterung entspricht weitgehend dem in Kapitel 10 dargestellten Verfahren und soll hier nicht noch einmal wiederholt, sondern lediglich um einige erörterungsspezifische Aspekte ergänzt werden.

Die Wahl des Themas, seine Erschließung sowie die Entscheidung für einen geeigneten Ansatz für die Bearbeitung sind nicht nur die ersten, sondern häufig auch die gefährlichsten Klippen, die es bei der Erörterung zu umschiffen gilt, denn allzu schnell ist man dabei, den Aufsatz zu schreiben, der den eigenen Neigungen entspricht, statt des Aufsatzes, der erwartet wird. Besonders bei Prüfungen passiert es leicht, dass man eine Aufgabe oder ein Thema falsch interpretiert. So sollte die Themenwahl also nicht spontan und gefühlsmäßig erfolgen, sondern erst entschieden werden, wenn die Aufgabenstellung genau erfasst und das darin enthaltene zentrale Problem klar erkannt worden ist. Auch sollte man prüfen, ob man zu dem jeweiligen Thema über genügend Sachkenntnis verfügt und gute Beispiele dazu anführen und darlegen kann.

Zur Erschließung der Aufgabenstellung gehört es bei einer Erörterungsaufgabe auch, die Art des Themas festzustellen.
In der Regel lässt sich das Thema einer Erörterung einer der folgenden Themenarten zuordnen:
- **Sachfrage:** Hier wird die erläuternde Darlegung eines Sachverhalts verlangt.
- **Allgemeine Wertfrage:** Hier geht es um die objektive und überzeugende Darlegung von Gründen für einen bestimmten Sachverhalt.
- **Persönliche Wertfrage:** Diese Themenart wird behandelt wie die allgemeine Wertfrage, also objektiv. Hinzu kommt jedoch als Schluss des Aufsatzes eine begründete persönliche Stellungnahme.
- **Dialektische Frage:** Hier wird die Darstellung und Beurteilung gegensätzlicher Aspekte erwartet.
- **Zitatthema** (mit oder ohne Arbeitsauftrag): Wird ein Zitatthema nicht durch den zusätzlichen Bearbeitungshinweis bereits einer der anderen Themenarten zugeordnet, wird dieses Thema wie eine dialektische Frage behandelt. Dazu versucht man, das Zitat inhaltlich vollständig und genau in eigene Worte zu fassen und in eine Entscheidungsfrage umzuwandeln.

Beispiele

- What are the advantages of a sabbatical year? (= Sachfrage)
- Why is it that young people in particular take part in protest actions? (= allgemeine Wertfrage)
- Why do you want to go to university after having finished school? (= persönliche Wertfrage)
- Is the notion of the different role of the sexes still valid today? (= dialektische Frage)
- "Every man is the architect of his own future." Argue in favour of this statement. (= Zitatthema mit Arbeitsauftrag)
- "There can be no freedom without discipline." (= Zitatthema ohne Arbeitsauftrag)

Aufgabe

108. *In which of the following assignments are you expected to write a dialectical essay?*

a) What could have made the back-to-nature movement so popular again? And what do you think about it?

b) Some people consider computers a threat to jobs. Discuss.

c) "People reveal their character by the way they drive."

d) In what way is telling the truth often more a vice than a virtue?

e) Discuss the pros and cons of alternatives to the traditional marks system.

Nachdem man sich für ein Thema entschieden hat, schreibt man die entsprechende Themenfrage auf ein Blatt und beginnt mit der Stoffsammlung (vergl. Kapitel 10.2).

Aufgabe

109. *Gather ideas to write about the subject below. List the points you wish to make under two headings – pros and cons.*

"Vegetarianism is the only sensible diet." Discuss and state your view.

Beim Auswählen des Materials und Ordnen der Stoffsammlung (vergl. Kapitel 10.3) sollte man nicht der Versuchung erliegen, alles, was einem zu dem Thema einfällt, in seine Arbeit aufzunehmen, sondern bereits in diesem Stadium rigoros streichen, was das Thema nicht voll trifft oder sich nicht überzeugend beweisen oder verifizieren lässt.

Hat man sein Material sorgfältig ausgewählt und geordnet, ist die Erstellung eines Schreibplans nicht mehr schwierig. So ist das Aufbauschema für die nichtdialektischen Erörterungsthemen (Sach-/Wertfragen) in der Regel bereits vorgegeben: Die einzelnen Punkte des Sachverhalts werden nach dem Grad ihrer Wichtigkeit angeordnet.

Bei dialektischen Themen hingegen soll der Aufsatz zu einer Entscheidung führen oder diese zumindest vorbereiten. Es müssen also beide Seiten berücksichtigt werden.

Auch wenn bei der Erörterung die Auseinandersetzung mit dem Thema – im Gegensatz zur Stellungnahme – distanziert und sachlich zu erfolgen hat, heißt das nicht, dass die Einstellung des Verfassers zum Thema keine Rolle spielt. So bestimmt diese Einstellung den Aufbau der Argumentation, indem sich der Verfasser entscheiden muss, wie er die Behandlung des Themas angehen will. Hierfür stehen ihm drei mögliche Ansätze zur Verfügung:

- Er kann im **Sinne der These argumentieren** (arguing for the proposition). In diesem Fall wird er nach der Untersuchung der Themenfrage einige Hauptgründe, die gegen die These sprechen, anführen und versuchen, diese zu entkräften, um anschließend die Argumente zu entfalten, die die These stützen, und er wird diese Argumente mit Fakten und Beispielen untermauern.
- **Argumentiert er gegen die These** (arguing against the proposition), beginnt er mit Punkten, die für die These sprechen, versucht deren Schwächen und

Grenzen aufzuzeigen und stellt dann zwingende Gründe, die gegen die These aussagen, in Kontrast dazu.
- Die Anerkennung beider gegensätzlicher Positionen führt zu einer **ausgewogenen Argumentation** (balanced argument). Hier werden nach der Erläuterung der Themenfrage die jeweils stärksten Argumente beider Seiten dargelegt.

Auch für die dialektische Erörterung gilt also, dass die Argumente an Betonung gewinnen, je später im Aufsatz sie gebracht werden.
Einleitung und Schluss einer Erörterung haben dieselben Aufgaben zu erfüllen wie bei den meisten anderen Aufsatzarten.
Im Englischen werden Einleitung und Schluss allgemein knapp gehalten. Dies gilt vor allem für Aufsätze bei einer Prüfung, bei denen neben der begrenzten Arbeitszeit auch der meist vorgegebene Umfang – in Form einer Angabe über die Zahl der Wörter – für eine knappe Ausführung spricht. Um die Aufmerksamkeit des Lesers zu erlangen und ihn zum Thema hinzuführen, sind folgende Inhalte für eine Einleitung denkbar:
- Zitat (quotation)
- eigene Erfahrungen (personal experiences)
- aktuelle Fragen oder Ereignisse (current affairs or events)
- Definition der Schlüsselbegriffe des Themas (definition of the key-terms of the topic) etc.

Wie für die Einleitung gibt es auch für den Schluss einer Erörterung unterschiedliche Möglichkeiten, zwischen denen man sich – je nach Thema – entscheiden kann:
- Darstellung der eigenen Meinung zum Thema (bei persönlichen Wertfragen)
- Zusammenfassung der wesentlichen Gedanken des Hauptteils
- Äußerung eines Lösungsvorschlags, einer Hoffnung oder Warnung
- Einschränkung zu den Gedanken im Hauptteil etc.

Aufgabe

110. *Devise a plan for a discursive essay on the subject below. Make use of your findings in exercise 109.*

"Vegetarianism is the only sensible diet." Discuss and state your view.

Bei der Erörterung geht es darum, den Leser durch Argumentation zu überzeugen. Dieses Ziel muss man sich während der gesamten Arbeit stets vor Augen halten.
Ein **Argument** (an argument/a supported thesis statement) ist eine in sich abgeschlossene Gedankenfolge, die die Aufgabe hat, eine Behauptung oder These so zu entwickeln, dass man sie für richtig hält. Ein Argument besteht aus **Behauptung** (thesis), **Begründung** (reasoning) und **Veranschaulichung** (illustration).

Beispiel

"Should children be forced to go through a system of exams at school?" (topical question)

Argument (against the proposition):
- Examinations are not really a god guide to ability, (= thesis)
- since they do not give enough scope to people with ideas of their own. (= reason)
- So, for example, outstanding people like Einstein did not do very well in exams. (= illustration)

Aufgabe

111. *Develop one argument (pro or con) for each of the following topics.*
a) Alcohol – a drug for teenagers.
b) "Tourism does not help to increase the understanding between nations." Discuss.
c) Why are many young people today reserved about technological progress?

Behauptung, Begründung und Veranschaulichung bilden die Grundbestandteile eines Arguments. Ihre Reihenfolge ist frei wählbar und sie können gegebenenfalls durch Einschränkungen, Modifizierungen, Schlussfolgerungen oder einen Appell ergänzt werden.
Diese Freiheit sollte man nutzen, um den inneren Zusammenhang der argumentativen Schritte zum Ausdruck zu bringen. Denn die Ausführung einer Erörterung ist nicht eine bloße Ausformulierung der einzelnen Punkte des Schreibplans, sondern die sprachliche Umsetzung eines geschlossenen Gedankengangs. Daher genügt es nicht, die einzelnen Argumente nacheinander aufzuführen. Sie sollten vielmehr so gestaltet sein, dass ein Argument zwingend zum nächsten führt und so der Gedankengang für den Leser nachvollziehbar und stimmig entwickelt wird.

Aufgabe

112. *Study the text below and answer the questions.*

***In loco parentis*[26]**

Two clear developments in public opinion emerge from our poll on education and morality today. The first is a growing irritation with the moralising of politicians – a sense of frustration which is entirely justified after the past fortnight of cant at Westminster. The second is the powerful backing the British people appear to be giving for a return to traditional forms of punishment in schools. More than two-thirds endorse the support given by Gillian Shephard and Michael Howard to caning; the overwhelming majority want teachers to use lines, detention and other old-fashioned sanctions to maintain discipline.

The immediate background to these demands is the descent of a series of schools into anarchy. Of these the most notorious is the Riddings School in Halifax, which closed last week after teachers voted to strike over the disorder caused by gangs of pupils. Such cases are shocking, but must be kept in perspective. There have always been extreme incidents of unruliness at schools, such as the libertarian uprisings at public schools in the 18th century, and the classroom brutality which inspired the former teacher William Golding to write his fable of childhood evil, Lord of the Flies. The point, which the Prime Minister struggled to make last week, is that such incidents are and have always been exceptional.

Yet this does not mean the public's anxiety is unjustified. They are at least as concerned by the decline in civility and standards of behaviour among children as they are by the specific cases where mob rule threatens individual schools. Their call for a return to caning betrays a sense that the basic rules of conduct and self-discipline are no longer being passed down between generations. (...)

The true peril of this debate, however, is that the potential role of schools in moral regeneration is exaggerated. The classroom is a place where parents should expect good standards of discipline, a civil environment and a setting in which teaching can proceed satisfactorily. Traditional punishments can play a useful part in the achievement of these goals. But schools are not ethical remedial centres where badly brought up children can be

26 The Sunday Telegraph, November 3, 1996

transformed into model citizens. Corporal punishment in the classroom is no more an adequate compensation for poor parenting than were the discredited progressive techniques of the 1960s. There is nothing wrong with schools teaching the merits of marriage, family life and moral behaviour. But unless such principles are instilled at an early age, at home, the best efforts of teachers will stand little chance.

The state cannot give children the moral grounding they require; it cannot make us better people. It is wrong to expect the state in its educational guise to do so. The public should be concerned about standards of discipline in schools but should not see the problem in isolation, as a matter of social policy to be solved by ministers, education authorities and school teachers. Politicians ought not to encourage this delusion by moralising as if it was within their power to solve all ethical problems. Morality cannot be nationalised; like charity, it begins at home.

Questions on the text:

a) Find out the subject this text is about and write down its "topical question".

b) What are the writer's arguments against the return to corporal punishment?

c) Which argument do you find especially convincing?

d) How does the writer develop his argument in the third paragraph?

e) Where is the writer anticipating a possible counter-argument? What question is he answering?

f) What functions do the examples in ll. 15–18 have in the second paragraph?

g) In what way are the fourth and the last paragraph logically connected?

Um seine Argumentation überzeugend zu gestalten, sollte man die nachfolgenden Hinweise beachten:

Hinweise zur Argumentation

- Wenige **zwingende und gut entwickelte Argumente** sind überzeugender als eine große Zahl schwach entwickelter Argumente.
- Die Argumentation sollte stets **auf den Kern des Themas bezogen** sein.

- Grundlagen jeder Begründung sollten **feststehende Tatsachen, überprüfbare Beobachtungen oder allgemein anerkannte Erfahrungen** sein. Aussagen, die auf allgemeinen Erfahrungen beruhen, müssen erst überprüft werden, bevor sie als Begründung gelten können. (Gefahr von Vorurteilen)
- Behauptungen, die erst wieder zu begründen sind, sollte man vermeiden.
- **Ein Einzelfall ist kein Beweis,** da er durch einen anderen Fall widerlegt werden kann.
- **Zitate** haben als Begründung nur dann Sinn, wenn sie von einer Person stammen, die in dem betreffenden Bereich als Autorität anerkannt ist.

Da es sich bei der Erörterung um **sachliches Schreiben** (factual writing) handelt, wird erwartet, dass die sprachliche Ausführung in sachlichem und prägnantem Stil erfolgt. Die Darstellung sollte sprachlich verknüpft, im Satzbau übersichtlich und abwechslungsreich sowie im Ausdruck treffend und präzise gestaltet sein.

Hilfreiche Wendungen

Hinführen zum Thema:	– Most people would agree that ... – Many people seem to think ... – It has often been said ... – For the majority of people ... – As a general statement ... – Literally this statement means ...
Aufzählen von Gründen:	– In the first place ... – Apart from that ... – Above all ... – Finally ...
Aufzeigen von Gegensätzlichem:	– Although ... – All the same ... – In contrast ... – On the other hand ...
Ziehen einer Schlussfolgerung:	– The logical result of this is ... – In consequence ... – This suggests ... – For that reason ... – That is why ...

Aufgabe

113. *Study the following text and "The Statement". Then choose one of the following topics and write a discursive essay.*

a) The Statement is a list of values that all men and women of goodwill are able to sign up to.

b) The Statement lists up all those values that we, as a society, should authorize "schools to pass on to the next generation on our behalf."

c) As we are a pluralistic society we no longer share common beliefs.

d) Rights are more important than responsibilities.

Schools chief defends his 'good values guide'[27]

A statement of what everyone is thought to value, that could form the basis of compulsory lessons in morality, was published yesterday by the Government's curriculum advisers.

They said the statement – drawn up by a forum of 150 people of varying faiths and some with none – was not a definite list of values and nor was it an attempt to say anything new.

"The main point," said Dr Nick Tate, chief executive of the School Curriculum and Assessment Authority, "is probably the symbolic importance of drawing up a statement of values that all men and women of goodwill, to use an old-fashioned phrase, are able to sign up to.

"It is intended as a statement of what, as a society, we are authorising schools to pass on to the next generation on our behalf."

It was also asking the wider community: "What are the issues on which schools can rely for your support?"

Establishing such a consensus would give teachers a secure basis for strengthening the provision of spiritual, moral, social and cultural education in specific lessons or through other subjects.

However, that did not "necessarily mean putting values across by means of didactic moral instruction," Dr Tate said. Morals could be "caught as well as taught".

There was no question of proposing "some kind of sinister indoctrination in particular points of view". Nor was there any suggestion at this point that the statement of values had to be incorporated into the curriculum of every school; that would be a matter for Government and Parliament.

27 Clare, John, in: The Daily Telegraph, October 31, 1996

Dr Tate said the statement put an end to a number of "lies": that because we are a pluralistic society we no longer share common beliefs; that we are no longer a community; that because we are diverse we can no longer aspire to a common culture; that rights are more important than responsibilities; and that moral opinions are no different from tastes and preferences, that all morality is relative and that all we can do is agree or disagree.

"Finally, it denies that tolerance is the supreme virtue," he said. "There are some things and some people, the statement says, that we should not tolerate."

Anyone tempted to dismiss the statement as "too obvious" should consider that "sometimes even the most obvious of truths needs to be stated, otherwise it may become invisible".

The Statement

The forum divides the subject into four areas: society, relationships, self and environment. In each case, a statement of values is accompanied by a number of "principles for action".

Society

We value truth, human rights, the law, justice and collective endeavour for the common good of society. In particular, we value families as sources of love and support for all their members and as the basis of a society in which people care for others.

On the basis of these values, we as a society should:

- *understand our responsibilities as citizens;*
- *be ready to challenge values or actions which may be harmful to individuals or communities;*
- *support families in raising children and caring for dependants;*
- *help people to know about the law and legal processes;*
- *obey the law and encourage others to do so;*
- *accept diversity and respect people's right to religious and cultural differences;*
- *provide opportunities to all;*
- *support people who cannot sustain a dignified life-style by themselves;*
- *promote participation in our democracy;*
- *contribute to, as well as benefit fairly from, economic and cultural resources;*
- *make truth and integrity priorities in public life.*

Relationships

We value others for themselves, not for what they have or what they can do for us, and we value these relationships as fundamental to our development and the good of the community.

On the basis of these values, within our relationships we should:

- *respect the dignity of all people;*
- *tell others they are valued;*
- *earn loyalty, trust and confidence;*
- *work co-operatively with others;*
- *be mutually supportive;*
- *respect the beliefs, life, privacy and property of others;*
- *try to resolve disputes peacefully.*

Self

We value each person as a unique being of intrinsic worth, with potential for spiritual, moral, intellectual and physical development and change.

On the basis of these values, we as individuals should:

- *try to understand our own character, strengths and weaknesses;*
- *develop a sense of self-worth;*
- *try to discover meaning ad purpose in life and how life ought to be lived;*
- *try to live up to a shared moral code;*
- *make responsible use of our rights and privileges;*
- *strive for knowledge and wisdom throughout life;*
- *take responsibility for our own lives within our capacities.*

Environment

We value the natural world as a source of wonder and inspiration, and accept our duty to maintain a sustainable environment for the future.

On the basis of these value we should:

- *preserve a balance and diversity in nature wherever possible;*
- *justify development in terms of a sustainable environment;*
- *repair habitats devastated by human development wherever possible;*
- *preserve areas of beauty wherever possible;*
- *understand the place of human beings within the world.*

17 Schreiben einer Facharbeit

Die Facharbeit (research paper) in der gymnasialen Oberstufe dient allgemein der Vorbereitung auf ein Studium und besonders der Einführung in wissenschaftliches Arbeiten.
Ihre Erstellung verlangt ein relativ hohes Maß an diszipliniertem methodischen Vorgehen. Geeignetes Material muss aufgefunden, bewertet, ausgesucht, gesammelt und geordnet werden. Diese Materialgrundlage muss dann bearbeitet werden und die Ergebnisse müssen schließlich logisch, klar und in sich geschlossen dargestellt werden.
Begrenzt werden diese Arbeitsvorgänge durch einen Rahmen aus expliziten Vorgaben: den Richtlinien für die formale Gestaltung, dem Arbeitszeitraum und dem fixierten Thema.
Die genauen Einzelheiten – in der jeweils aktuell gültigen Form – erfährt der Kollegiat von seinem Kursleiter bzw. dem jeweiligen Kollegstufenbetreuer.
Unabhängig von diesen konkreten Vorgaben orientiert sich die Entwicklung einer Facharbeit jedoch an einer methodischen Vorgehensweise, die für wissenschaftliche Arbeiten ganz allgemein gilt.

17.1 Themenwahl

Wer ernsthaft vorhat, eine wirklich gute Facharbeit zu schreiben, beschäftigt sich mit dem Gedanken an diese Arbeit bereits lange bevor der Kursleiter die Themen zur Wahl stellt, also schon während des ersten Kurshalbjahres. Denn da für eine gute Arbeit das Interesse des Kollegiaten an dem zu bearbeitenden Thema eine wesentliche Voraussetzung ist, sollte man versuchen, möglichst schon bei der Themenfindung mitzuwirken. Entdeckt man im Unterricht eines der beiden Leistungskursfächer also einen interessanten Stoffbereich, so könnte man im Einverständnis mit dem Kursleiter vielleicht frühzeitig bereits aus diesem Bereich ein

Rahmenthema für die Facharbeit vereinbaren. Man wäre dann nicht auf die begrenzte Auswahl der eigentlichen Themenliste beschränkt. Zudem könnte man die gewonnene Zeit nützen, sich mit dem Rahmenthema vertraut zu machen, um dann auf der Grundlage dieser Vorkenntnis das Thema sinnvoll einzuengen oder geeignete Schwerpunkte zu setzen, bevor die Fixierung der Themen durch den Kursleiter erfolgt.
Hat ein Kollegiat erst einmal ein Thema, das ihn wirklich interessiert, so wird es ihm viel leichter fallen, die Energie und das Durchhaltevermögen, die eine solide Entwicklung der Arbeit erfordert, aufzubringen.
Bei einer Arbeit im Fach Englisch fällt mit der Wahl des endgültigen Themas gleichzeitig auch die Entscheidung, in welcher Sprache die Arbeit verfasst wird, da das Thema jeweils in der Sprache bearbeitet wird, in der das Thema formuliert ist.
Zusammenfassend kann man feststellen, dass es für einen Kollegiaten ratsam ist, die Bildung und Wahl des Themas seiner Facharbeit frühzeitig aktiv mitzugestalten.

Arbeitsplan

Auch wenn man durch vorbereitendes Lesen mit dem Thema bereits etwas vertraut ist, sollte man nach der endgültigen Entscheidung nicht gleich unüberlegt auf Materialsuche gehen, sondern zunächst das Thema genau analysieren und anschließend einen Arbeitsplan aufstellen.
Selbst ein klar formuliertes und eingegrenztes Thema bedarf der Analyse. Dabei geht es darum, für jedes einzelne Wort
- die Bedeutung zu bestimmen und
- seine Beziehung zu den anderen Wörtern in der Formulierung des Themas festzustellen.

Beispiel

"'battles for position' als zentrales Motiv in den Dramen von Harold Pinter."

- **Bedeutung:**
  - "battles for position": Auseinandersetzung zweier oder mehrerer Charaktere um die Vormachtstellung im zwischenmenschlichen Bereich
  - Motiv: Beweggrund für eine Handlung; immer wiederkehrende Situation in einem literarischen Werk
  - Dramen: von Handlung getragene Dichtung, für die szenische Aufführung bestimmt und vor allem durch Dialoge präsentiert

- **Beziehung der Elemente untereinander:**
  - Auseinandersetzungen nur als zentrale Beweggründe
  - in Bühnenstücken nur von Harold Pinter

Diese sprachliche Analyse ist unbedingt notwendig, um eine Abweichung vom Thema oder gar eine Verfehlung auszuschließen.
Zur Analyse des Themas gehört es jedoch auch, herauszufinden, was an Problem- oder Fragestellung in dem Thema steckt, hier z. B.: Wie sehen diese "battles for position" aus? Welche Bedeutungen haben sie im Stück allgemein? Was will Pinter mit diesen "battles for position" zum Ausdruck bringen oder bezwecken?
Nach der Klärung des gedanklichen Gehalts des Themas stellt man möglicherweise fest, dass die Bedeutung des einen oder anderen Begriffes erst definiert oder sogar eingegrenzt werden muss oder dass einzelne Aspekte des Themas von vornherein auszuschließen sind.

Beispiel

> Die Darstellung beschränkt sich auf die Untersuchung der "battles for position", auf ihre wesentlichen Elemente sowie ihre Realisierung. Um die Entwicklung dieses dramatischen Mittels angemessen zu berücksichtigen, sollen Formen der "battles of position" aus den frühen Werken mit Formen aus der mittleren und auch der späteren Schaffensperiode verglichen werden.
>
> Fragen nach der Interpretation dieser "battles of position" oder nach der Absicht, die der Autor damit verfolgt, sollen nicht berücksichtigt werden, da sie zum einen den Rahmen der Arbeit sprengen würden, zum anderen nicht mehr als reine Spekulationen wären.
>
> (vergl. Interview: Pinter the Playwright, p. 31, Anhang S. 13)

Erst wenn der Gehalt des Themas erschlossen und festgelegt ist, kann man versuchen, einzelne Hypothesen aufzustellen oder Bearbeitungs- und Lösungsstrategien zu entwerfen.
Dieses – vorläufige – Grundkonzept dient dann bei der Materialsuche als Hilfsmittel für gezieltes Suchen sowie für das Herausfiltern von geeignetem Material aus einer Datenfülle.
Es ist jedoch angebracht, sich vor der Materialsuche noch Gedanken über die einzelnen Arbeitsschritte sowie deren Reihenfolge zu machen und einen Zeitplan aufzustellen.
Die Festlegung der Arbeitsschrittfolge soll unnötigen Aufwand vermeiden und der Zeitplan dient dazu, jeder einzelnen Arbeitsphase die Zeit einzuräumen, die für eine sorgfältige Ausführung notwendig ist. In der Praxis sieht es nämlich so aus, dass die Materialsuche sich über viele Monate hinzieht und für die Gestal-

tung von Entwurf und endgültiger Fassung dann nur noch wenige Wochen bleiben.

Beispiel

Checkliste:

Termin		**Arbeitsschritt**
....	1.	Wahl des Themas
....	2.	Sich mit dem Thema vertraut machen (voruntersuchendes Lesen)
....	3.	Eingrenzung des Themas
....	4.	Aufstellen eines Arbeitsplans
....	5.	Materialsuche und -sammlung
....	6.	Überarbeitung des vorhandenen Materials
....	7.	Gliederungsentwurf
....	8.	Ergänzende, gezielte Materialsuche
....	9.	Schreiben des ersten Entwurfs
....	10.	Überarbeitung des Entwurfs und Überprüfung der Fakten
....	11.	Neubearbeitete Fassung des Entwurfs
....	12.	Vorbereitung des Literaturverzeichnisses und der Anlagen
....	13.	Erstellen der Endfassung
....	14.	Korrekturlesen und Fertigstellung der Arbeit

Geht man von der endgültigen Themenstellung im Februar und von einem Jahr als Bearbeitungszeitraum aus, so sollte vor der Sommerferien die Materialsuche abgeschlossen sein. Stehen Gliederung und Rohentwurf dann bis gegen Ende September, hat man ausreichend Zeit, die sprachliche Ausarbeitung bis zum Jahresende fertigzustellen. Die restliche Zeit bis zum Abgabetermin benötigt man für die Gestaltung der äußeren Form sowie als Reserve, falls unvorhergesehene Schwierigkeiten zu Verzögerungen im Zeitplan führen.

17.2 Auffinden, Festhalten und Ordnen des Materials

Ziel dieser Arbeitsphase ist eine leistungsfähige, auf die Facharbeit und ihr Thema ausgerichtete Materialsammlung.
Der erste Schritt dazu ist in der Regel die Materialbeschaffung.

Materialbeschaffung

Um hier aktiv zu werden, müssen zwei Punkte geklärt werden:
- **die Erscheinungsformen** (wissenschaftliche Primär- und Sekundärliteratur, historisches Quellenmaterial, Zahlen, Statistiken, Graphiken, nichtwissenschaftliches Schrifttum, Bildmaterial, Aufzeichnungen über Informationen von nichtschriftlichen Quellen etc.),
- **mögliche Fundorte** (Bibliotheken, Archive, Institutionen, ...).

Vorüberlegungen solcher Art sind wenig zeitraubend, helfen aber entscheidend, die Materialbeschaffung zu rationalisieren und so Zeit zu sparen.
In den meisten Fällen bedeutet Materialbeschaffung das Auffinden wichtiger Fachliteratur zum Thema. Hier empfiehlt es sich, zuerst in einem allgemeinen Lexikon (z. B. "Encyclopaedia Britannica") unter zum Thema passenden Stichwörtern nachzuschlagen. Die Einträge informieren nicht nur, sondern verweisen häufig auch auf weiterführende Literatur, deren wesentlich ausführlichere Literaturverzeichnisse ihrerseits bei der Erschließung weiterer Materialien hilfreich sind.
Bei der Materialsuche in Bibliotheken stehen einem meist zwei Wege offen, der eine Weg über den Autorenkatalog und der andere über den systematischen oder auch den Schlagwortkatalog.
Der Weg über den Autorenkatalog setzt voraus, dass man Autor und Titel des Werkes, das man sucht, bereits kennt. Sucht man allgemein Literatur zu einem Thema oder Begriff, so wendet man sich an den systematischen Katalog, der die Werke nach inhaltlichen und formalen Kriterien im Rahmen größerer Sachgebiete ordnet. Viele Bibliotheken verfügen auch über einen Schlagwortkatalog, in dem sich die Bücher und Texte zu einem Sachgebiet über wichtige Schlagwörter auffinden lassen.

Materialaufzeichnung

Zu vielen Facharbeitsthemen sieht man sich schnell einer Fülle von Material gegenüber, und es ist wenig sinnvoll, alles, was einem einigermaßen nützlich

erscheint, an den häuslichen Schreibtisch zu schleppen. Hier macht es sich dann bezahlt, wenn man sich vor der Materialsuche auf ein grundsätzliches Konzept für die Arbeit festgelegt hat, denn dann kann man sich schon am Fundort darauf beschränken, das Wesentliche auszuwählen und festzuhalten. Oft sind es nur einzelne Passagen, Zitate, Tabellen oder Ähnliches, was man aus einem großen Werk für brauchbar befindet. Statt nun das ganze Buch auszuleihen reichen oft Kopien einzelner Seiten oder auch nur kurze Notizen.
Achtung: Man sollte sich jedoch bei allen Kopien und Notizen unbedingt die Quellenangaben genau dazuschreiben, will man sich den Alptraum ersparen, zu einem späteren Zeitpunkt die Quelle z. B. eines Zitats auffinden zu müssen.

Materialablage

Auch bei der Vorauswahl am Fundort wird die Fülle des Materials schnell einen Umfang erreichen, der es schwer macht, ohne ein brauchbares Ablagesystem den Überblick zu bewahren.
Solch ein Ablagesystem muss nicht nur alle möglichen Arten von Material wie Notizen, Fotokopien, Zeitungsausschnitte, Sonderdrucke, Fotos, Graphiken etc. aufnehmen, sondern auch so angelegt sein, dass jederzeit ein Umordnen des Materials nach veränderten Gesichtspunkten möglich ist.
Bewährt hat sich allgemein eine Loseblattablage mit Hilfe von Karteikästen und Aktenordnern. Dabei werden sämtliche Materialien jeweils auf einer Karte festgehalten, und zwar mit Namen, Angabe der Quelle sowie einer Kurzcharakteristik. Dies ermöglicht es, den Überblick über das Material zu behalten und es gegebenenfalls nach neuen Gesichtspunkten umzuordnen.
Die Materialien, die im Umfang über die Größe einer Karteikarte hinausgehen, werden in Aktenordnern so abgelegt, dass sie über die Kartei leicht auffindbar sind.

Beispiel

Sprache

"[...] language controls reality and not vice versa."

from: Almansi/Henderson: "Harold Pinter", p. 65
Methuen, London, 1983

Natürlich bieten computergestützte Datenträger bei der Einrichtung und Verwendung des Ablagesystems viele Vorteile, auf die hier aber nicht näher eingegangen werden kann, da sie von der jeweiligen Ausstattung und den verfügbaren Textverarbeitungsprogrammen abhängen.

Gliederung und Rohentwurf

Nun wird überprüft, inwieweit das gesammelte und geordnete Material ausreicht, das nach der Themenanalyse gewonnene Grundkonzept zu verwirklichen. Gegebenenfalls muss man noch fehlendes Material beschaffen. Es kann jedoch auch sein, dass sich aufgrund des Materials eine Änderung des Grundkonzepts anbietet.

In jedem Fall ist das nächste Ziel die Gliederung der Arbeit, also ihr gedanklicher Aufbau. Hier entscheidet man nicht nur über die Reihenfolge der einzelnen Gedanken und ihrer Entwicklung, sondern auch über ihre Funktion und Wertigkeit.

Als Gliederungssysteme sind folgende zwei Formen möglich:

- einmal die Gliederung in Kapitel und Abschnitte
  I. (= Kapitel)
    A. (= Teil eines Kapitels)
      1. (= Abschnitt
        a) (= Teilabschnitt)
- oder die fortlaufend nummerierte Unterteilung in beliebig viele Sinneinheiten
  1 (= erste Ebene)
  2
  3 → 3.1 (= zweite Ebene)
  3.2 → 3.2.1 (= dritte Ebene)
  3.3 → 3.3.3
  usw.

Wenn die Gliederung feststeht, gestaltet man den Gedankengang sprachlich aus und erhält so einen Rohentwurf der Arbeit.

Hierbei achtet man vor allem auf sachliche und stringente Argumentation, klare Begrifflichkeit und Anschaulichkeit.

17.3 Rohentwurf inhaltlich überprüfen und redigieren

Nicht selten begegnet man der Ansicht, mit der sprachlichen Gestaltung des Rohentwurfs sei die Facharbeit mehr oder weniger abgeschlossen und brauche nur noch getippt zu werden.
Dies ist leider nicht zutreffend. Die Rohfassung bedarf noch einiger Überarbeitung, bevor man die endgültige Fassung schreiben kann.
So müssen zunächst die inhaltlichen Aussagen unbedingt auf ihre sachliche Richtigkeit überprüft werden. Auch sollte sichergestellt sein, dass die Unterscheidung zwischen Fakten und Meinungen deutlich zum Ausdruck kommt. Schließlich kontrolliert man, ob zu jedem Zitat – sei es direkt oder indirekt – die richtigen Quellenangaben genannt werden.
Ist die Arbeit soweit korrigiert, kann man mit dem Redigieren beginnen.
Dies geschieht am besten in drei Durchgängen, wobei man sich jeweils auf unterschiedliche Aspekte konzentriert:

1. – Sind die Aussagen relevant hinsichtlich des Themas?
   – Sind die Aussagen vollständig, eindeutig und sinnvoll?
   – Sind die Aussagen notwendig oder gar überflüssig?
2. – Ist die Darstellung klar, verständlich und treffend?
   – Ist die Darstellung gedanklich und sprachlich geschlossen?
   – Ist die Darstellung prägnant?
3. – Ist die sprachliche Ausführung grammatikalisch korrekt?
   – Sind die Regeln der Rechtschreibung eingehalten worden?

17.4 Erstellen einer endgültigen Fassung

Ist die Arbeit redigiert, kann man die endgültige Fassung der Facharbeit schreiben. Die Gestaltung der äußeren Form (z. B. Format, Schrift, Zeilenzählung, Literaturhinweise) richtet sich dabei jeweils nach den "Hinweisen zur äußeren Form", die der Kollegiat von seinem Kursleiter oder Kollegstufenbetreuer erhält.
Man sollte nach Fertigstellung der endgültigen Fassung jedoch nicht das Korrekturlesen (proof-reading) vergessen. Schließlich hat man sich nicht die ganze

Mühe gemacht, dass der erste Eindruck, den der Gutachter von der Arbeit gewinnt, durch Tippfehler gleich negativ beeinflusst wird.
Abschließend zum Thema "Facharbeit" sollen noch einige Kriterien genannt werden, die bei der Bewertung der Facharbeit allgemein berücksichtigt werden dürften.

- **Gehalt**
  - Bezug zum Thema
  - Information (sinnvoll in Umfang und Auswahl)
  - Entwicklung der Gedanken (geschlossen und stimmig)
  - selbstständige Ergebnisse (durch korrekte Anwendung fachlicher und methodischer Kenntnisse und Fertigkeiten)
  - Dimension (angemessene gedankliche Vertiefung und geistige Durchdringung)
- **Aufbau und Darstellung**
  - Proportion (angemessenes Verhältnis der einzelnen Abschnitte)
  - Funktionalität (Einleitung, Schluss etc.)
  - Klarheit (gedanklich und sprachlich)
  - Verknüpfung (gedanklich und sprachlich)
  - Anschaulichkeit (Fakten, Beispiele, Illustrationen etc.)
  - Sachlichkeit (Stil, Ausdruck)
  - Prägnanz (Formulierung)
- **Form**
  - Sprachrichtigkeit (Grammatik, Rechtschreibung, Zeichensetzung)
  - Einhaltung der Vorschriften (Format, Schrift, Zitierweise, Literaturverzeichnis etc.)
  - Sorgfalt der Ausführung (Layout, Graphiken etc.)

18 Lösungsvorschläge

1. I'd like to know whether or not you will be able to come to our meeting on Friday. March 13 is the final deadline for applications. For we must discuss them in advance. To decide which item is to be put on the agenda the final deadline must be met. An extension is not possible.

2.
a) New ways of doing things ...
b) This ...
c) To compromise ...
d) ... winter ...
e) ... meat ...
f) The tumbling phantoms of the jumbled Indian images ...

3.
a) ... many educated European tourists visited ...
b) ... the water is receding/has receded ...
c) ... I was leaving ...
d) ... I couldn't bear ...
e) Politics is ...
f) ... she will have been living ...
g) ... a lot of trouble is caused ...
h) My family haven't decided ...

4. Sätze als Sinneinheiten sind b, e und i.

5. Keine vollständigen und sinnvollen Sätze sind a, b, d, e und h.

6. a) They can (either) walk up or go by cable car.
b) He is looking for opportunities (both) in this country and abroad.
c) They knocked but nobody answered.
d) The operator took the disc and placed it in the computer.
e) Neither Jenny nor John was there.
f) This is not only good for your health but also can change your life.

7. a) Although/Though many people have a secret fear of computers, there is really no need for this.
b) As/Since it froze hard that night, there was ice everywhere next day.
c) She is studying mathematics so as to qualify for a better job.
d) Even if/Although you don't like her, you can still be polite.
e) If you are waiting for a bus, you'd better join the queue.
f) As soon as I have finished the letter, I'll give you a call.

8. a) A sentence is a set of words complete in itself as an expression of thought.
b) Keep sentences as short and simple as possible.
c) However their length and complexity should be varied to maintain the reader's interest.
d) Use the passive voice when the result is more important than the action.
e) The first and the last words of a sentence are more emphasized than those in the middle.

9. a) She worked hard at her essay and finished it sooner than she expected.
b) The book is fascinated reading and provides a detailed study of the Indian culture.
c) He read the text painstakingly and found a lot of stylistic devices.
d) None of the facts has been proven.

10. a) Although he is short of experience, he will do the job quite adequately.
b) We were late, so we took a taxi.

c) <u>While</u> I sympathize with his view, I cannot accept it.

d) <u>As</u> she became more competent, she was given more interesting work.

11. a) The student, tired and exhausted, finished the paper in the morning.

b) As a pupil he had to do his homework.

c) While I was reading a text, my dog came into my room.

d) On his desk there was a book that contained the complete works of James Joyce.

12. I. In a long fit ... that affliction.

II. But as I grew up ... hold of me.

III. About 16, ... the benefit received.

IV. After a short time ... Boston.

13. a) **topic:** structure of American educational system
topic sentence: It is an extensive, complex, overlapping patchwork of individual school districts.

b) **topic:** individualism in America
topic sentence: Citizens are free to strike out on their own, and have done so.

c) **topic:** traditional religious values in America
topic sentence: here as elsewhere religion has a conservative or traditional side.

d) **topic:** scientific culture of the Americans
topic sentence: that exploration and practical ingenuity were but two of the many significant ways in which Americans participated in what was a worldwide scientific culture.

14. Musterlösung:
The most important aim of writing is to communicate ideas, thoughts, feelings and to bring a message home. If the reader is to understand the message, it must be divided into units of sense. As sentences are the natural units of writing, it is essential to express ideas in clear, correct sentences.

15. a) chronological structure
b) climactic structure
c) chronological structure
d) progressive structure

16. a) likewise
b) though
c) on account of
d) meanwhile
e) provided that
f) hence

17. I have always been taken care of. Since my father died of a heart attack, my two older sisters and my mother have been taking care of me, their little boy. When my sisters got married and moved out of the apartment, it was just Mama and I sitting alone at night listening to the neighbours fighting next door. When I finished college and went to the Police Academy, Mama was really proud. She thought that I would get a job in the city and be able to stay by her.

18. The main varieties of capitalism have always differed in significant respects. In America, for instance, shareholders have comparatively big say in the running of the enterprise they own; workers, who are for the most part only weakly unionised, have much less influence. In many European countries, shareholders have less say and workers more. In Germany, for example, the representatives of unions serve on supervising boards; the companies' principal bankers also have plenty of clout in the strategic decisions of management. Despite these differences, all species of capitalism have certain essentials in common.

19. a) Tina hated Mondays. And this Monday was particularly horrible. What a day!
b) Have you got any news from home yet? My sister has damaged my car intentionally. You don't believe that!

c) "Who was at the door?" she asked.

d) Would it be possible to send me a copy?

e) I never dreamt she would be so stupid!

20. a) The animal, which until then had been sleeping, suddenly leapt to its feet.

b) I will be there tomorrow; I will also be there next week.

c) It is a fine idea; let's hope it is going to work.

d) The man whom I met at the station was my former teacher.

e) The book, I believe, is out of print.

f) However hard he tried, he could not give up drinking.

g) It will be finished when you come back.

21. a) Some items of kit are indispensable: map, compass and a torch.

b) "Sit down", she said, "and tell me all about it."

c) Churchill is said to have invented the term "iron curtain".

d) We have had to change our plans: the dates did not work.

e) The information was obscure and the directions were ambiguous: incompetence.

f) Have you read "Lord of the Flies"?

g) "Oh dear," thought Tony. "What shall I do if she says 'Hello' to me?"

22. a) The headmaster may even cancel the meeting. (This is thought to be unlikely.)

b) That was the end of the matter – or so she thought.

c) All students who had been in the library during vacation (several hundreds in all) were questioned by the police.

d) "Stephen considered her [the bird girl] a symbol of his desire."

e) These are the facts – facts that are incontrovertible.

23. a) colon: to introduce a related statement following an independent clause

b) semicolon: two independent clauses closely connected in meaning

c) exclamation mark: to add emphasis

d) brackets: to enclose material that is an interruption of the text but adds information
quotation marks: to indicate the special use of a word

e) colon: before a list
comma: to separate words in a list

f) question mark: polite request

24. a) "These false fathers are seen through his [the protagonist's] point-of-view." (addition to quoted material)

b) The festival, held in November, always drew a lot of tourists. (non-restrictive clause)

c) Everybody realized that he was a foreigner. (no punctuation mark)

d) "I heard 'Keep out' being shouted, he explained." (to set off a quote within a quote)

e) If you are ever in Haywards Heath, come and see us. (subordinate clause before main clause)

f) In addition, both sides agreed that the moment for a deadline had arrived. (introductory phrase used as an transitional expression/no punctuation mark)

25. a) anger

b) not slow/not late

c) looked at/saw

d) foreigners/non-whites

e) secluded

f) an educated

g) in trouble

26. cosy (approving), pass away (euphemistic), domineering (derogatory), finicky (derogatory), itsy-bitsy (humorous), senior citizen (euphemistic), worthies (humorous), monotonous (derogatory)

27. formal: a, d
informal: b, c, e

28. a) bungling
b) lodgings
c) retrieved
d) drink
e) cushy

29. a) rip off → defraud/ rob
b) broke → without money
c) nitty-gritty → important facts
d) mugging up → studying with great effort
e) went spare → became angry
half baked → inadequately thought out

30. a) segments
b) discipline
c) poisoned
d) hypotheses
e) gripping
f) picturesque
g) adore
h) cherish

31. Please deposit all waste paper, tins, bottles, and other rubbish in the litter baskets. Help keep your grounds and building clean. We appreciate your cooperation.

32. a) ... it is an <u>editoriall</u>y good paper.
b) ... been p<u>roperl</u>y done.
c) ... were <u>absolutel</u>y right.

d) ... fairly relaxed.

e) ... could hardly lift it.

f) She foolishly forgot ...

g) ... looked suspiciously at everyone ...

33. a) In spite of what people may say, they have nothing to fear.

b) To think there can be any return to the past is wrong.

c) I well remember, as a child in the fifties, my first, exquisite visit to the latest import, the Milk Bar.

d) The underclass is our greatest social problem and all the trends suggest that it will get worse.

e) Not for almost a century has any group experienced such isolation and exclusion.

34. The Japanese care about food. In food lessons, Japanese schoolchildren are taught to eat 30 different foods a day. Their lunchboxes reflect the philosophy that variety will provide what the Japanese feel they need for health. Even though they smoke and eat salty, pickled food, the Japanese have the highest life expectancy in the world.
Interestingly, Japanese people who adopt a Western lifestyle and diet acquire the same risk of heart disease as the rest of us.

35. a) undermined

b) corporate dimension

c) gratitude

d) ponder

e) law-abiding people

f) unanimous

g) contemporary of

36. a) The authorities are to introduce this speed limit gradually.

b) The New Arts Gallery is to exhibit her paintings.

c) It is said that Byron has lived on potatoes and vinegar.

d) In some districts farmers use pigs to find truffles.

e) The mob broke all the shop windows in recent riots.

f) His opponents must have started this rumour.

g) Now experts have proved that this scientific theory is false.

37. Writing can never be perfect; there is often a more effective way of expressing your ideas. Nevertheless, time spent on editing and improving your writing may be rewarded by a higher mark.

38. a) In selection procedures good manners did not count much.

b) Very few people want the full texts of a seminar lasting one or two days.

c) Further price increases cannot be avoided because of the rising costs.

d) Staff has continually varied in number.

e) Disappointed with the lecture they left after fifteen minutes.

f) She loved talking about her holiday.

g) In spite of the committee's plan being voted down, nobody could suggest a better one.

h) Some were against hanging as a means of executing women.

39. **Musterlösung:**

- thanks for your letter
- 10 minutes walk to school
- several new buildings surrounded by park
- arrival – met the headmaster
- lessons rather boring
- atmosphere in class relaxed
- lunch break – shown round the main building
- sports in the afternoon quite tough
- 4.30 p.m. – felt exhausted
- will have to wait and see
- invitation for a visit next holidays

40. I. – relationship

II. – appearance
– personality
– interests
– opinions

III. – general appreciation

41. a) ... when it was ended in September 1939, ...

b) It has affected the progress of human race to a greater extent ...

c) ... which launched the suspect new medium ...

d) With the founding of ITV in 1955 television finally became the "People's medium".

e) ... are gearing themselves – ... – to making a large profit very quickly and easily ...

f) Yet many standards remain remarkably convincing even after being examined closely.

42. a) The upper crust are the people who belong to the social class above the middle class.

b) Dross means anything that is of a poor quality.

c) A marvel is a thing or a person that causes people to be filled with admiration and surprise.

43. a) As a technical term in biology "gestation" denotes the process in human beings and some animals in which babies grow inside their mother's bodies before they are born. This term is used here in a figurative sense referring to the time it has taken to develop the idea of television. So the quoted statement says that it has taken a considerably long time to develop and realize the idea of television.

b) The expression "Reithian perch" refers to the place that was given to the BBC by its founder Reith. As the phrase "to come off one's perch" means to step down from one's throne, the quoted statement says that BBC was caused to give up its sense of superiority that it had expressed since its foundation by Reith.

c) "For sale to all comers" means that something is offered to be sold by its owner and that anyone may buy it. So in the text this phrase expresses BBC's plan to offer its quality programmes to anyone who wants to buy them.

44. a) Television has been pushed into crisis by technological progress. For the development of satellite and cable TV has led to the establishment of numerous new profit-seeking channels (ll. 47–49). Since neither the number of viewers nor the money to gain from them is boundless, a hard fight for ratings has started. So many popular programmes, like football or boxing, can only be received via pay-per-view channels. In addition to that the multiplication of broadcasting time has increased the demand for programmes. To meet these demands many channels use great effort for reutilizing programmes of the past and thus cannot hold up their standards (ll. 57/58).
So technology and the increase of channels resulting from its progress have pushed television into crisis.

b) According to the writer we will have to learn to deal with TV as we are used to deal with books (ll. 82/83).
The viewers will have to choose what suits them and to leave the rest. This makes the remote control an important gadget (ll. 86/87).
So, in a nutshell, we will have to learn how to select those few worthwhile programmes from the huge supply of rubbish.

c) As far as the future of television is concerned the writer points to only a few aspects. First the technological development of television will go on (e. g. digital widescreen) and the viewer will have to keep pace with it if he does not want to be way behind the times (ll. 89–92). Second, according to the writer, channels will specialize in certain strands of programming like news, sports, etc. (ll. 93/94). And above all the versatility and the importance of TV will still increase.

d) The writer's attitude towards his subject is critical but altogether positive.
Apart from the introduction as well as the concluding section of the article the writer tries to present a rather fair picture of the development of television. So on the one hand he points out the importance of TV and its positive aspects (cf. ll. 24 ff., 41 ff., 65 ff.). On the other hand he does not ignore its weak points (cf. ll. 46 ff., 57 ff., 85/86). Although he tries to give a rather substantial account, his partly emotive choice of

words reveals his personal attachment, as expressions like "intriguing" (l. 6), "people's medium" (l. 42), "making a killing" (l. 60), "dross" (l. 85), "Beeb" (l. 98) show. Finally, in his conclusion the writer explicitly reveals his positive attitude towards TV when he expresses his hope that his children and grandchildren will profit from TV as much as he has (ll. 101–104).

45. ad lib.

46. a) stopped/ gave up
b) dreadful
c) search/ striving
d) storing/hiding
e) unimportant

47. a) control over the way one behaves
b) sacrifice
c) spoiled because it contains poor quality
d) showing concern for the welfare of other people rather than for one's own
e) all the different courses of study taught in a school

48. a) supporting facts
b) thesis
c) reason
d) thesis
e) illustrating example
f) thesis in the form of a rhetorical question

49. a) reason: "on account of"

b) consequence: "as a result"

c) contrast: "however"

50.
- Britain in a moral/social crisis
- because
- family falling apart
- when
- no longer interrupt viewing by meal
- therefore
- eating through programme
- as a result
- loss of forum for communication
- in addition
- more working hours
- in order to
- improve/keep up living standard
- so
- less time to spend with children
- this is why
- no passing down of values between generations
- consequently
- rate of divorce, number of single parents increase
- this is due to
- giving up the ritual of eating together
- for
- other countries in Europe still respect the ritual
- and so
- have no such troubles
- further
- they care about what they eat
- whereas
- the British rely on companies, government, etc.
- but
- the French government worries about the eating habits of their people
- while
- British authorities do not take their duties seriously

- consequently
- British eat rubbish, in haste without thinking
- so
- introduction of TV dinner started Britain's decline
- because
- family is the place where to learn how to eat as well as how to behave

51. For other countries in Europe which still have a respect for the ritual of eating together, do not have such troubles with the unity of their societies. Further, they pay attention to what is in the food which they eat, whereas the British leave it to the food companies as well as to state organisations, schools and public institutions to take care of their food on their behalf. But in contrast to the French government that worries about the eating habits of their people and even take measures to keep up the standard, the British authorities neglect their duties. So British people go on heating their ready-to-serve meal, which is insubstantial, in the microwave during a commercial break and gulp it down without thinking while they are watching their chosen programme.
Since the family is not only the place where children learn how to eat but also how to behave themselves and other common values, the introduction of TV dinners started Britain's present moral crisis.

52. a) This process started when families no longer wanted to interrupt their viewing TV in order to eat together.
b) So they began eating while watching TV.
c) Consequently more and more families are falling to pieces.
d) So British people have forgotten what to eat and how to eat properly.

53. With his article about the habit of eating while watching TV the writer wants to persuade the British to give up this bad habit and return to the old type of family meal.
Britain seems to be in a moral and social crisis, because the family as a social unit is falling apart. This process started when families no longer wanted to interrupt their viewing TV in order to eat together and began eating while watching TV, encouraged to do so by food companies that produced special TV dinner. As a result of this social change the family has

lost an irreplaceable important forum for talking with each other and for exchanging ideas. In addition to that people have to work harder to improve or at least to keep up their standard of living, and so there is not much time left to be spent with the children.
These are the reasons why it is no longer possible for parents to pass down their experience and the basic rules of conduct to their children. Consequently more and more families are falling to pieces. And the writer blames it on the fact that the British have made eating through TV programmes a habit. For other European countries, which still have a respect for the ritual of eating together, do not have such social troubles.
Further, they pay attention to what they eat, whereas the British leave it to the food companies and the authorities to take care of their food on their behalf. But in contrast to the French government that worries about the eating habits of their people and even take measures to keep up the standard, the British authorities neglect their duties. So British people have forgotten what to eat and how to eat properly.
Since the family is the place where children acquire not only their eating habits but also their manners and values, the introduction of TV diners has started Britain's present moral crisis. (372 words)

54. We cannot do without organization in both the public and the private sectors.
Although public organization is often run down as "bureaucracy", the good society must learn how to manage with this phenomenon in its public as well as in its private form. Organization, especially large organization, has two fundamental weak points. The first and most clearly weak point is the basic conflict between discipline and creative thought. For on the one hand it is of paramount importance to accept established procedures and objects; on the other hand it is necessary to query those procedures and objects in case they have become obsolete or irrelevant. It is up to the good society to recognize both sides. So, for example, there is no excuse for a governmental department persisting in a once established belief while the controlling circumstances are changing or for a great business enterprise resting on its past laurels and thus blocking innovation and change. (156 words)

55. a) formal
b) informal
c) informal
d) formal
e) informal
f) formal
g) formal

56. a) Yours sincerely,
b) With all my love,
c) Yours ever,
d) Best wishes,
e) Yours,

57. **Musterlösung:**

Dear Fred and Carol,

Just a quick note to say how very much I enjoyed the weekend with you; thank you so much for inviting me. It was quite a change for me with the delicious home cooking and excellent company and it has done me the power of good to get away for a few days.

My journey home was quite pleasant. On my way home I stopped for a cream tea at a nice little café, and I arrived here at about seven o'clock.

Once again, many thanks for your hospitality and hope to see you both soon.

With love and best wishes,

Ann

58. Dear Sir or Madam,

For some time now I have been interested in doing a day release course in electrical engineering.

I understand that you run such a course and I would be grateful to receive your latest prospect and list of fees, together with any other relevant information.

Enclosed is a stamped addressed envelope for your convenience.

Yours faithfully,

59. Requirements:
an excellent telephone manner, prompt efficient service to customers, good writing skills, experienced claims clerk, work with little supervision, ...
further: good keyboard skills, organisational skills.

60. Mr Eric Warren
AIAL Company
Bridge Road
Teignmouth

Dear Mr Warren,
With reference to your advertisement in today's DEVON NEWS, I would very much like to be considered for the vacancy of office junior in your company.
I am 18 years old and I will be leaving Totness School at the end of next month, as I then will have finished my five G.C.S.E. examinations.
For the past year I have worked at Gilberts as a Saturday sales assistant who stock many of your products, so I am quite familiar with your range of electronic articles. Mrs Snyder, the manageress at Gilberts, has offered to give me a reference if you require one.
It has always been my wish to have a career in the electronic industry, and I would be grateful for the opportunity to talk to you about the vacancy you have available.
I do hope that I may be considered for the job, and that I may get an invitation for interview in the near future.
Yours sincerely,

61. The differences are as follows:
The writer's address is placed underneath the body of the letter, while the date is written on the left side between addressee and salutation. There is no central heading in a letter to the editor, but it immediately starts with the salutation "Sir," without the attribute "Dear". Nowadays, the former subscription, "Yours faithfully," is omitted.

62. text A: letter of complaint/criticism
text B: letter of support/approval
text C: letter expressing a personal opinion as contribution to a public discussion

63. a) introduction (ll. 1–5): presentation of the topic
main body (ll. 6–14): argumentation and reference to possible consequences
conclusion (ll. 15–18): advice

b) "... it is left to technology to bridge the specialization of science and do our thinking for us." (ll. 9/10)

c) "While I am no Luddite and really appreciate the blessings of technology, ..." (l. 2)

d) <u>horrible</u> thought (l. 3), has been <u>tormenting</u> (l. 4), almost <u>blindl</u>y devoted (l. 10), <u>siren</u> thoughts (l. 13).

e) The writer uses questions (cf. ll. 4/5, ll. 15/16) which remain unanswered and thus makes the reader ponder upon them.

64. ad lib.

65. a) personal/explicitly subjective

b) neutral/objective

c) neutral/objective

d) personal/implicitly subjective or objective

e) personal/explicitly subjective

f) neutral/objective

66. Musterlösung:

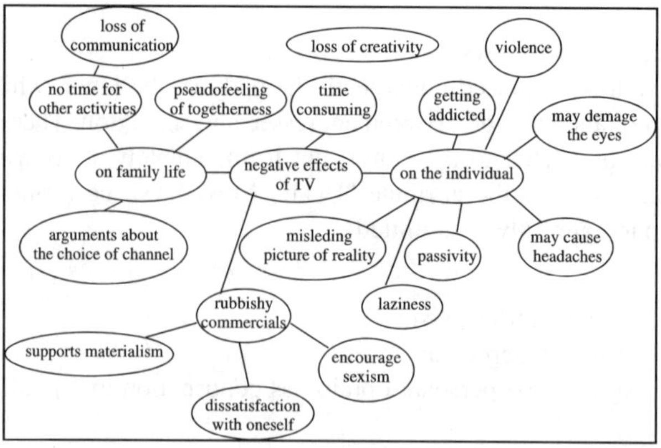

67. Musterlösung:

- vast sums spent on research
- space travel to gain in prestige
- of little use to common people
- immense air pollution by rocket launching
- urgent environmental problems must be solved
- poor living conditions in underdeveloped countries
- excellent scientists working for the NASA could do research in more relevant fields
- space travel will not be of any use if we cannot stop the decline of our planet

68. Musterlösung:

A. Nowadays most people are fully aware of environmental problems.

B. I. They take them seriously.
   1. They cut down on the use of energy.
   2. They re-use plastic bags.
   3. They collect waste so that it can be recycled.

   II. Yet, they do not take those problems seriously enough.
   1. Many people still keep their car engine running at train crossings.
   2. A lot of people still use pesticides in the garden.
   3. Some people even dump their garbage in the forests.

C. People have begun to do something to prevent the destruction of our environment, but many more effective measures must be taken.

69. Musterlösung:

a) No matter what disasters may befall people on one camping holiday, they still look forwartd to the next.

b) Living in a city makes one adopt a wholly unnatural way of life. This becomes obvious when you spend a day on a farm.

c) The need of exercise is a modern superstition, invented by people who ate too much, and had nothing to think about.

d) Watching neighbours is probably the most popular suburban pastime and it can take on obsessive proportions, particularly on a Sunday.

e) The competition among popstars may be fierce, but the rewards are colossal.

70. a) ... on the other hand ...

b) One reason for this is that ...

c) Consequently, ...

d) Nevertheless ...

e) For example, ...

71. a) This sentence does not sound like the ending of an essay.

b) A positive, personal ending.

c) The writer has rounded off the essay in a firm, clear manner.

d) A question for the reader to contemplate.

e) The essay has been completed in a thoughtful way.

f) An unconvincing ending.

72. A. **Attitude and perspective:** The personal attitude as well as the implicitly subjective point of view correspond to the form of a comment.

B. **Content:** The material in the comment is relevant to the topic and of considerable originality.

C. **Planning:** The comment has obviously been planned as there is a logical order. The beginning is effective and the writer has tried to end it on a strong note. The ideas are well developed and the argumentation is quite convincing.

D. **Sentences and paragraphs:** In the second paragraph a transitional expression or phrase linking the first two sentences is missing. So the second sentence can start, for example, "This proves that there has been ...".

In the fourth paragraph, "Granted, there are many women nowadays that ..." sounds a little clumsy. It would be more fluent to say "Granted, more women nowadays struggle ...".

E. **Style:** The language employed is mostly interesting and appropriate with some vivid imagery.

F. **Grammar, spelling and punctuation:** In the third paragraph "what use is there to discuss ..." is a grammar mistake, for 'use' must be followed by an '-ing form', ("what use is there discussing ...").
In the second paragraph "women MP" is a writing error ("women MPs").
In the third paragraph "whether" (= conjunction) has been misspelled as "weather" which means the condition of the atmosphere at a certain placc and time.

73. a) When did it happen?
b) Who was involved?
c) What happened?
d) Where did it happen?
e) How did it happen?
f) What were the consequences?

74. **Introduction:**
- remnants of Hurricane Lili hit the Bailiwick last night
- bringing strongest winds since February

Main body:
- Guernsey Met. Office recorded mean wind speeds of gale force 8 throughout the night, with maximum gusts of 78 knots (89 mph)
- violent storm force 11 at 8.20 p.m. and 11.05 p.m.
- combined with a high tide of 9.5 metres caused further problems on west coast
- sections of the west coast were closed off to traffic
- as stones, seaweed and water poured over the walls
- west coast residents watched spray fly over the top of Fort Grey
- seaweed blocked drains
- car in Cambridge Park was struck by falling tree
- firemen spent night pumping out water from houses
- power failure at about 10.30 p.m.
- supplies to north and centre of island were lost, but fully restored within twenty minutes

Conclusion:

- early this morning gangs from States Work were out clearing up at Perelle and the Rocquaine coast road
- teams were helped by residents
- all in all the islands appear to have come through the night relatively unscathed

75. On 30 October, a German tourist saw an unidentified flying object at Cobo Bay.

On Wednesday evening at 11.20 p.m., Tony Rix, a 48-year-old tourist was on his way back to his hotel when he suddenly heard a humming noise. He looked up and saw a bright light in the sky coming towards him. According to Mr Rix it moved very quickly and made a lot of noise. It was in the shape of a discus with triangular blue windows.

After he had taken a photo of the UFO there suddenly was a lot of wind and Mr Rix passed out. When he woke up ten minutes later the UFO had disappeared.

Scientists of the Saumarez Research Centre have examined the photo. Although they cannot identify the object they deny that it might be a spaceship from another planet.

76. No subheadings, no numbered points, no key words or phrases, poor layout, unclear meaning.

77. The president of the Literature Society announced that Prof. Blake had agreed to deliver a lecture on Romantic Poetry the following months. A student asked the president if he could recommend any books for private study. The president replied that Walks 'Introduction to Keats' was perhaps best suited to young people. He further informed the meeting that he had already borrowed the video 'The Life of John Keats' which would be shown in the School Hall the following Friday.

78. (a) bright, (b) blue, (c) transparent, (d) hard, (e) indestructible, (f) perpetual, (g) nasty, (h) mysterious, (i) silly

79. a) ... fruit of sloes

b) ... a bright torpedo ...

c) ... to an oracle

d) ... a lid on a pot

e) ... they might drop all at once with a thud

f) ... a bat ...

80. a) Have you ever wondered how plants can live in a place that endures the blistering sun, harsh wind, and dry shifting of sand? ...

b) One of the most striking geologic features in Pennsylvania is the Boulder Field in Hickory Run State Park. ...

c) The Pearl is a symbol. Reykjavik's symbol and the flagship of modern architecture in Iceland ...

81. l. 1: overall picture of the church and its location (= introduction);

ll. 1–10: description of the whole building and its main parts from the outside;

ll. 11–14: interior view and general impression;

ll. 15–22: details about the construction combined with thoughts about date and purpose;

ll. 23–26: the 'showpiece' of the church and its alleged importance (conclusion).

82. a) ... One thing however we must keep in mind: While able to survive in the environment, those plants can be quickly killed by vehicle or foot traffic.

b) ... This flat boulder field – almost unchanged for more than 20 thousand years – has a touch of everlastingness.

c) ... And from the café one has an unmatched view of Reykjavik, the pillar on which the lifestyle of a fiercely but proudly ancient nation rests.

83. ad lib.

84. ad lib.

85. Musterlösung:

introduction:	name, age, class, and reason why he/she has been chosen for the news	
main body:	I.	physical description
	II.	Interests and achievements
	III.	what he or she likes/dislikes
	IV.	personality (seen by fellow students)
conclusion:	appeal to the readers to try to follow this example.	

86. Musterlösung:

helpful adjectives for describing a person's face:

head:	large, pointed, rounded, small, well-proportioned, ...
hair:	blond, black, brown, cropped, curly, dyed, fluffy, ginger, grey, greying, long, short, straight, tousled, wavy, ...
face:	angular, full, hollow-cheeked, long, round, square, ...
forehead:	broad, high, low, ...
skin:	dark, freckled, pale, tanned, wrinkled, ...
eyes:	big, blue, bright, brown, dark, dreamy, kind, piercing, small, ...
eyebrows:	bushy, narrow, thin-lined, ...
nose:	big, hawk-nosed, hooked, long, pointed, snub-nosed, straight, ...
cheeks:	flushed, hollow, pale, rosy, ...
mouth:	big, small, wide, ...
beard:	bearded, full, moustache, whiskers, ...
ears:	big, small, sticking out, ...

87. ad lib.

88. ... as if it wanted to draw attention to the house. / A statesman might live in such a place. / ... resembles an eerie cavern refusing to give away its hidden mysteries.

89. The excerpt creates an atmosphere of drabness and forlornness evoking a vision of human abandonment in the dissevering earth.

90. a) ... a long shirt.
b) ... fat white exclamation marks, ...
c) ... boulders of granite.
d) ... bears ...
e) ... pepper.
f) ... bars of iron .../... bass drums.

91.

busy station	**quiet cottage**
congested	deserted
crushed	placid
huddled	undisturbed
teeming, thronged	secluded
clamour	tranquillity, serenity
commotion	privacy
hubbub	hush, stillness

92. The senses of sight, touch, smell and taste are involved.
sight: The sun ... that is dizzying. (ll. 1–5)
touch: The air ... surface of the body. (ll. 4–6)
smell: Clouds ... in the nostrils, (l. 6)
taste: and the taste of ... making me sick. (l. 7)

93. ad lib.

94. a) The narrator's attention was attracted by the girl's graceful build and her poise.
b) He was drawn towards her.
c) The cool glance of the girl's eyes caused him to give up his wish to approach her.

95. ad lib.

96. Musterlösung:
... Instead I sat amazed as the chainsmoking doctor bustled about his small flat. "You know," he told me with a flash in his eye, speaking of his position in the profession, "I used to be a nuisance – but now I am a menace."

97. The description of the old man makes us realize the person as a bum, a wino.

98. Direct characterization: The author directly describes her grandmother's gait as 'bizarre' and relates that she is 'terrified and fascinated' by her grandmother's bound feet. Further the writer states that she is 'spellbound' by the atmosphere.
Indirect characterization: The grandmother has bound feet and is dressed in a traditional way. From these details concerning her outward appearance as well as from the place she lives in the reader can infer that the grandmother lives in keeping with traditions. Her emotionality is shown by the way in which she is greeting her son.

99. ad lib.

100. character traits: carelessness (ll. 1–6; ll. 59–61) – "buoyancy, hopefulness, gaiety" (l. 7) – shortage of self-assessment (l. 9) – honesty (ll. 40–42) – enthusiasm (ll. 44–57) – susceptible to deceive himself (ll. 15–32; ll. 73–79).
career prospects: earnest intent to work his own way (ll. 1/2) – having command of a clipping privateer (ll. 3/4) – surgeon (ll. 49–52)
conclusion from a–c: The careless, ever-shifting assumptions of his speech suggest an inability to stabilize any sense of his own identity, and so his personality enacts an endless displacement of purpose over a vacuum of 'self'.

101. A. ---

B. I. A mysterious and ambivalent figure
II. Gatsby as wealthy parvenu
III. Gatsby and his dream
IV. An isolated figure
V. Gatsby as victim

C. ---

102. ad lib.

103. comment: c, d, f.

104. a) Is country life less impersonal than town life?

b) Are the so-called 'adventure-holidays' sensible?

c) Do we ever really learn from our mistakes?

d) Is advertising one of the most unpleasant features of modern life?

e) Is the taxation system fair?

105. Pros:

- excellent facilities (science labs, libraries, sports grounds, etc.)
- high standard of education (25 % of all college and university students have been to private schools)
- highly qualified teachers
- small classes (pupil/teacher ratio is ten to one in contrast to twenty to one at comprehensive schools)
- beautiful setting
- independent curricula
- development of discipline and self-consciousness
- excellent social chances
- best career prospects (about 80 % of judges, bank directors and directors at major industrial firms; "old boys network")

Cons:

- high fees
- requirements for entrance and passing

- boarding schools
- separation from family
- no co-education
- class consciousness
- arrogance

106. Introduction: If I were living in Britain and had the choice as well as the money, I would send my child to a public school.

Main body: The standard of education at public schools is very high. The career prospects of public schools are much better than those of state school pupils.

Conclusion: Since good education and social chances are very important in our times, I would send my child to a public school.

107. **Musterlösung:**

If I were living in Britain, I would send my child to a public school, because of its high standard education. For 25 % of all college and university students have been to public schools, although only 7.3 % of all secondary pupils go to private schools. Consequently, the career prospects of public school pupils are excellent, too. So about 80 % of all higher positions, like judges or bank directors, are held by ex-public school pupils. The quality of education as well as the career prospects resulting from it are very important in our times. Therefore I would send my child to a public school.

108. dialectical essay: b, c, e

109. **Pros:** no slaughter of animals; no cruel, intensive animal farming; vegetables cheaper than meat; vegetarianism healthier than eating meat; no risk of getting affected by health scares like salmonella or BSE; can encourage more creative cooking

Cons: vegetable dishes lack variety; we are used to eating meat; methods could be developed to raise and slaughter animals more humanely; a mixed diet of meat and vegetables provides protein and vitamines necessary for a healthy diet; mixed diet means variety

110. A. Vegetarianism is gaining in popularity.

B. I. Vegetarianism is sensible:

1. for health reasons
2. it is cheaper
3. for the sake of the animals

II. Strict vegetarianism doesn't make sense

1. it is natural to kill animals to eat their meat
2. humane methods of raising and killing animals can be developed
3. no need for abandoning variety of dishes
4. mixed diet is a healthy diet

C. A healthy diet needn't mean a meatless diet.

111. Musterlösung:

a) To teenagers alcohol has got obvious advantages: Although it produces effects similar to those drugs do, teenagers can easily get it. They just can take some brandy from their parents' cocktail cabinet or buy some wine or beer at any supermarket.

b) Tourists often do not try to adapt themselves to local customs since they feel superior to those "ignorant natives" according to the proverb "He who pays the piper calls the tune." So, for example, instead of trying to get to know local dishes, many tourists expect to be served food they are accustomed to.

c) Many young people are aware of the damage that has been done to our environment in the name of progress, since it is impossible now to ignore the evidence of pollution, dying forests and other environmental disasters. And so many young people join in ecological initiatives like "Friends of the Earth", "Keep Britain Green" etc.

112. a) The text is about the public's wish to return to traditional forms of punishment in schools inferable from the results of a poll on education and morality. The topical question could go as follows: "Is a return to traditional forms of punishment in schools sensible?"

b) – Incidents of unruliness at schools are no reason for introducing corporal punishment, since those incidents are exceptional. (ll. 14–19).

- The potential role of schools in moral regeneration must not be overrated (ll. 26–37).
- Morality cannot be nationalized (ll. 44/45).

c) ad lib.

d) The writer begins his third paragraph with the proposition – the public's anxiety is not unjustified – and supports it by two reasons: the general decline in discipline and individual cases of mob rule. He concludes his paragraph with the inference that basic rules of behaviour "are no longer passed down between generations." (ll. 24/25).

e) In the third paragraph (ll. 20–25) the writer is anticipating the logical counter-argument that the decline in morals is not limited to few individual schools but is a general development. He is answering the question whether the public's fear is justified or not.

f) These examples support as well as illustrate the proposition that "there have always been extreme incidents of unruliness at schools, ..." (ll. 14/15).

g) The first sentence of the concluding paragraph states the inference drawn from the argumentation in the fourth paragraph.

113. ad lib.

Leerseiten verbilligen in diesem Fall die Herstellung des Buches.

Notizen

Notizen

Ihre Meinung ist uns wichtig!

Ihre Anregungen sind uns immer willkommen.
Bitte informieren Sie uns mit diesem Schein über Ihre Verbesserungsvorschläge!

Titel-Nr.	Seite	Fehler, Vorschlag

STARK

... und lernen wird einfacher!

Bitte hier abtrennen

Bitte hier abtrennen

Zutreffendes bitte ankreuzen!

Die Absenderin/der Absender ist:

- ☐ Lehrer/in
- ☐ Referendar/in im Ausbildungsabschnitt: ____________
- ☐ Fachbetreuer/in Fächer: ____________
- ☐ Oberstufenbetreuer/in
- ☐ Schulleiter/in
- ☐ Seminarlehrer/in Fächer: ____________
- ☐ Leiter/in Lehrerbibliothek
- ☐ Leiter/in Schülerbibliothek
- ☐ Regierungsfachberater/in Fächer: ____________
- ☐ Eltern
- ☐ Schüler/in, Klasse: ____________
- ☐ Sekretariat
- ☐ Sonstiges: ____________

Unterrichtsfächer: **(Bei Lehrkräften!)**

STARK Verlag
Postfach 1852
85318 Freising

8-V1T

Bitte ausfüllen und im frankierten Umschlag an uns einsenden. Für Fensterkuverts geeignet.

Kennen Sie Ihre Kundennummer? Bitte hier eintragen.

Absender **(Bitte in Druckbuchstaben!)**

Name/Vorname

Straße/Nr.

PLZ/Ort

Schule/Schulstempel **(Bitte immer angeben!)**

(Bitte blättern Sie um)